Transformation Scorecard

Thilo Grundmann · Werner Gleißner

Transformation Scorecard

Wirksam handeln in der
nachhaltigen und digitalen
Unternehmenstransformation

Thilo Grundmann
Stuttgart, Deutschland

Werner Gleißner
Future Value AG Group
Leinfelden-Echterdingen, Deutschland

ISBN 978-3-662-66999-0   ISBN 978-3-662-67000-2 (eBook)
https://doi.org/10.1007/978-3-662-67000-2

Die Deutsche Nationalbibliothek verzeichnet diese Publikation in der Deutschen Nationalbibliografie; detaillierte bibliografische Daten sind im Internet über http://dnb.d-nb.de abrufbar.

Planung/Lektorat: Mareike Teichmann
Springer Gabler ist ein Imprint der eingetragenen Gesellschaft Springer-Verlag GmbH, DE und ist ein Teil von Springer Nature.
Die Anschrift der Gesellschaft ist: Heidelberger Platz 3, 14197 Berlin, Germany

Vorwort

Wie kann ein Unternehmen sicherstellen, dass es die für den Fortbestand wesentlichen Entwicklungen möglichst frühzeitig erkennt und auf diese angemessen sowie wirksam reagiert?

Auf den ersten Blick mag diese Fragestellung weder sonderlich neu noch herausfordernd erscheinen. Doch mit Blick auf die Zukunft zeichnet sich immer deutlicher ab, dass sowohl die Anforderungen an eine stärkere Berücksichtigung von ökologischen, sozialen und wirtschaftlichen Nachhaltigkeitsaspekten als auch die zunehmende Automatisierung, Vernetzung und Digitalisierung zu einem eventuell historisch einzigartigen Anstieg der Komplexität in der Wirtschaft führen. Gestärkt wird diese Vermutung durch die Einschätzung des weltberühmten Physikers Stephen Hawking, der auf die Frage antwortete, was die Entwicklung des 21. Jahrhunderts maßgeblich prägen wird:

„Ich denke, das nächste Jahrhundert wird das Jahrhundert der Komplexität sein." [1]

Sollte sich diese Prognose bewahrheiten und die Komplexität noch deutlich weiter zunehmen, so könnte dies nicht nur für die Unternehmen, sondern auch für die gesamte (Welt-)Wirtschaft, die Gesellschaft und für die (geo-)politischen Herausforderungen substanzielle und längerfristig sehr bedeutsame Konsequenzen haben.

Mit der im Folgenden dargelegten Transformation Scorecard möchten wir einen kleinen Beitrag leisten, ein möglichst einheitliches und fachlich gut fundiertes Verständnis der Relevanz von „Nachhaltigkeit" und „Digitalisierung" für die strategische Führung von Unternehmen zu entwickeln. Hierauf aufbauend werden

---

[1] Hawking (2000), zitiert in: Roters (2020), S. 1.

praxisnahe Impulse zur Umsetzung der Unternehmenstransformation abgeleitet, die vor allem eine fundierte und transparente Entscheidungsfindung sowie eine wirksame Umsetzung von Transformationsvorhaben unter besonderer Beachtung der Herausforderungen einer stark steigenden Komplexität unterstützen sollen.

- In Kap. 1 werden zunächst die wesentlichen Aspekte von Nachhaltigkeit und Digitalisierung für die Unternehmenssteuerung kurz skizziert. Es wird gezeigt, dass beide Themen bei vielen Unternehmen grundlegende Veränderungen auslösen können, wenn der Unternehmenserfolg langfristig gesichert werden soll. Solche grundlegenden und meist strategischen Veränderungen erfordern einen Transformationsprozess. Das Gelingen eines solch grundlegenden Wandlungsprozesses bestimmt wiederum die Ausprägung spezieller Fähigkeiten im Unternehmen, die eine Transformation erst ermöglichen.

- Im zweiten Kapitel werden deshalb die Erfolgsfaktoren und Schlüsselkompetenzen skizziert, die für einen erfolgreichen Transformationsprozess notwendig sind.

- Als praktisch nutzbares Hilfsmittel zur Unterstützung des Transformationsprozesses wird in Kap. 3 die „Transformation Scorecard" vorgestellt, die ausgehend vom bekannten Konzept der Balanced Scorecard durch geeignete Größen und Kennzahlen die Transformationsbereitschaft und Transformationsfähigkeit eines Unternehmens erfassbar und steuerbar macht.

- Kap. 4 fasst schließlich wesentliche praxiserprobte Maßnahmen für eine erfolgreiche Unternehmenstransformation zusammen.

Wir wünschen Ihnen viel Freude beim Lesen und die eine oder andere Anregung, etablierte Sicht- und Denkweisen infrage zu stellen.

Thilo Grundmann
Werner Gleißner

Inhaltsverzeichnis

Wozu Transformation? Was Nachhaltigkeit und Digitalisierung aus einer übergreifenden Sicht tatsächlich für Unternehmen bedeuten

1

Zusammenfassung

Nachhaltigkeit bedeutet, die zahlreichen sozialen, ökonomischen und ökologischen Wechselwirkungen in die Zielsetzungen und Entscheidungen von Unternehmen explizit mit einfließen zu lassen. Eine nachhaltige Unternehmensführung ist daher deutlich komplexer und ungewisser als eine primär auf die finanzielle Entwicklung ausgerichtete Unternehmensführung. Der durch die Nachhaltigkeit hervorgerufene Komplexitätsanstieg kann in den Unternehmen zu einem sich beschleunigenden Anstieg der Transaktionskosten führen. Dieser kann sich beispielsweise in einer umfangreichen und zunehmenden Verwendung der Arbeitszeit für Besprechungen und Projekte oder auch in immer häufigeren Störungen von Arbeitsabläufen zeigen. Die Digitalisierung kann einen substanziellen Beitrag zur Absenkung der Transaktionskosten von Unternehmen leisten. Damit kann die Digitalisierung die bestehenden Wettbewerbsvorteile eher „traditioneller" Unternehmen grundlegend infrage stellen.

1.1 Grundlagen einer nachhaltigen Unternehmensführung

Gemäß dem sogenannten „Brundtland-Bericht" ist eine Entwicklung dann als „nachhaltig" zu bezeichnen, wenn diese *„den Bedürfnissen der heutigen Generation entspricht, ohne die Möglichkeiten künftiger Generationen zu gefährden, ihre eigenen Bedürfnisse zu befriedigen und ihren Lebensstil zu wählen."*[1] Auf der UNO-Konferenz für Umwelt und Entwicklung in Rio de Janeiro wurde daraufhin

---

[1] Hauff (1987).

T. Grundmann and W. Gleißner, *Transformation Scorecard*, https://doi.org/10.1007/978-3-662-67000-2_1

von den 178 teilnehmenden Ländern das „3-Säulen-Modell der Nachhaltigkeit" begründet. Nachhaltigkeit erfordert demnach eine Betrachtung der Konsequenzen unternehmerischen Handelns in den drei Säulen Ökologie, Soziales und Ökonomie.

Die oft einseitige Betonung von Umwelt-, Sozial- und Governance-Themen in ESG[2]- oder CSR[3]-Modellen wird folglich dem grundlegenden Gedanken einer nachhaltigen Wirtschaft nur bedingt gerecht.[4] Es ist zu beachten, dass es letztlich um die Bedürfnisse von Menschen geht, deren Erfüllung sowohl von der Ausprägung ökologischer und sozialer Rahmenbedingungen, wie z. B. der Versorgung der Menschen mit sauberem Trinkwasser, Vermeidung von Todesfällen durch Hitze oder Kälte sowie der Gewährleistung von Frieden und Sicherheit, als auch von der ökonomischen Entwicklung abhängen dürfte.[5] Dabei beeinflusst der wirtschaftliche Wohlstand nicht nur maßgeblich die Lebensqualität der Menschen, wie beispielsweise durch die mögliche medizinische Versorgung, sondern gemäß den Forschungsergebnissen von Bruno S. Frey auch das von den Menschen empfundene Glück. Neben der v. a. vom Wirtschaftswachstum abhängigen Arbeitslosigkeit kann das Glück insbesondere von einem absoluten oder im sozialen Vergleich erlebten Rückgang wirtschaftlichen Wohlstands maßgeblich beeinträchtigt werden.[6] Dies kann dann in der Folge auch zu einer erheblichen Gefährdung sozial nachhaltiger Rahmenbedingungen, wie dem „sozialen Frieden", der inneren Sicherheit sowie der politischen Stabilität eines Landes, führen. Der Nachhaltigkeitsaspekt kann somit auch als eine Präzisierung des den Wirtschaftswissenschaften zugrundeliegenden Ziels einer möglichst optimalen Bedürfnisbefriedigung von Menschen verstanden werden. Es wird deutlicher erkennbar, dass auch die Bedürfnisse zukünftiger Generationen angemessen zu berücksichtigen sind und neben den materiellen bzw. wirtschaftlichen Aspekten auch soziale und ökologische Anforderungen in die Entscheidungsfindung mit einzubeziehen sind. Es geht somit insbesondere um eine langfristige und ganzheitliche Betrachtung, die so auch im wertorientierten Management zu finden ist.[7]

---

[2] ESG: Environmental, Social, Corporate Governance; eine Verbesserung eines ESG-Scores bedeutet nicht notwendigerweise die Verbesserung von Nachhaltigkeit (vgl. Gleißner(2023)).

[3] CSR: Corporate Social Responsibility; siehe zur CSR-Berichterstattung Brunner (2020).

[4] Vgl. dazu die entsprechenden Erläuterungen der UN Brundtland Commission (1987) sowie die kritische Diskussion bei Gleißner et al. (2022) und Gleißner et al. (2021).

[5] Vgl. dazu Gleißner (2020a) und Zhao et al. (2021).

[6] Vgl. Frey/Frey Marti (2010) sowie Frey (2017), S. 15 ff.

[7] Vgl. Rappaport (1986), Gleißner (2019a) sowie Gleißner (2022), S. 442 ff.

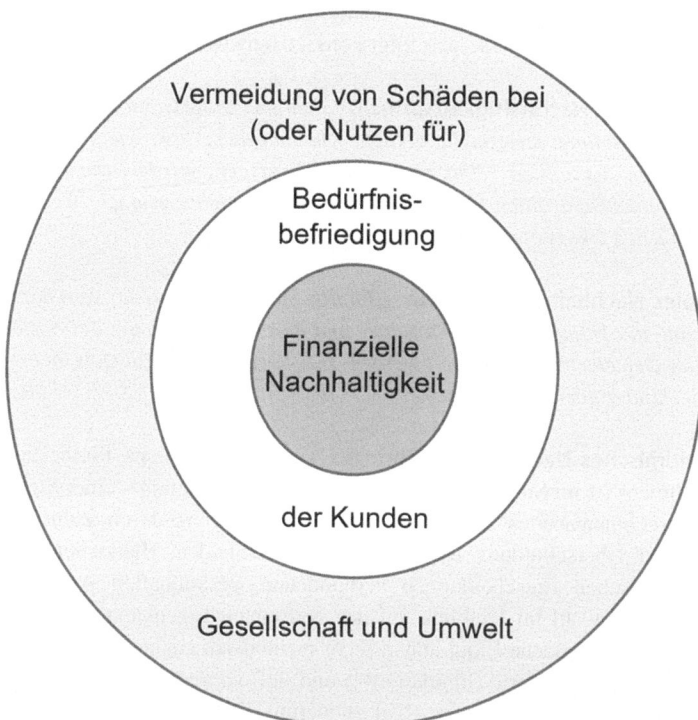

Abb. 1.1 Eigenschaften nachhaltiger Unternehmen

Nachhaltige Unternehmen (vgl. Abb. 1.1) sind zunächst einmal überlebensfähig und weisen hier insbesondere eine hohe finanzielle Nachhaltigkeit und eine robuste Strategie auf.[8] Ihre Leistungen tragen zudem zur Befriedigung wesentlicher Bedürfnisse ihrer Kunden bei, was sich an Wettbewerbsvorteilen bezüglich zentraler Kaufkriterien festmachen lässt. Ergänzend zur finanziellen Nachhaltigkeit und Kundenorientierung sind dann von einem Unternehmen seine Auswirkungen auf Gesellschaft und Umwelt in das Handeln mit einzubeziehen.[9]

---

[8] Vgl. Gleißner (2021b); für eine mögliche Operationalisierung finanzieller Nachhaltigkeit siehe das im Folgenden dargelegte ökonomische Nachhaltigkeitsprinzip.

[9] Vgl. auch Velte/Weber (2021).

Durch unternehmensspezifische Handlungsprinzipien kann das Leitbild der Nachhaltigkeit beispielsweise wie folgt konkretisiert werden:

▶ **Ökologisches Nachhaltigkeitsprinzip** *„Natürliche Ressourcen sollten höchstens in dem Umfang verbraucht werden, wie sich diese bzw. wie sich Substitute reproduzieren. Es sollten keine Emissionen verursacht werden, die die natürlichen Aufnahmekapazitäten übersteigen und es soll nichts gemacht werden, was die natürlichen Ökosystemdienstleistungen zerstört.“*[10]

▶ **Soziales Nachhaltigkeitsprinzip** *„Für die Stakeholder soll der Wert durch eine Steigerung des Humankapitals Einzelner und durch die Erhöhung des Sozialkapitals*[11] *der Gemeinschaft gesteigert werden. Das Sozialkapital soll stets im Interesse der Stakeholder gemanagt werden.“*[12]

▶ **Ökonomisches Nachhaltigkeitsprinzip** Der wirtschaftliche Fortbestand des Unternehmens ist im Sinne eines Erhalts oder – wenn möglich – einer Steigerung des Unternehmenswertes sicherzustellen. Eine Insolvenz durch Zahlungsunfähigkeit oder Überschuldung ist langfristig zu vermeiden. Hierzu sind die mit unternehmerischen Entscheidungen verbundenen, gesamthaften Auswirkungen aller Risiken sowohl im Hinblick auf das verfügbare Eigenkapital als auch mit Blick auf die vorhandene Liquiditätsreserve methodisch angemessen zu analysieren (z. B. per Monte-Carlo-Simulation[13]) und ggf. vorausschauend angemessene sowie wirksame Maßnahmen zur Risikosteuerung zu ergreifen.

Das ökonomische Nachhaltigkeitsprinzip weist einen engen Bezug zu Konzepten für die Messung und Verbesserung der Zukunftsfähigkeit von Unternehmen auf. Die Zukunftsfähigkeit eines Unternehmens ist abhängig von finanzieller Nachhaltigkeit, einer robusten Strategie mit resilienter Leistungserstellung sowie ausgeprägten Fähigkeiten im Umgang mit Chancen und Gefahren (Risiken) (siehe Abb. 1.2).[14]

---

[10] Sailer (2020), S. 26.

[11] Das Sozialkapital umfasst *„zwischenmenschliche Beziehungen und gemeinsame Überzeugungen, Werte und Regeln“* (Badura et al. (2013), S. 26).

[12] Sailer (2020), S. 26.

[13] Vgl. Gleißner/Wolfrum (2019).

[14] Zur Messung der Zukunftsfähigkeit mit dem Q-Score-Ansatz siehe Gleißner/Weissman (2021).

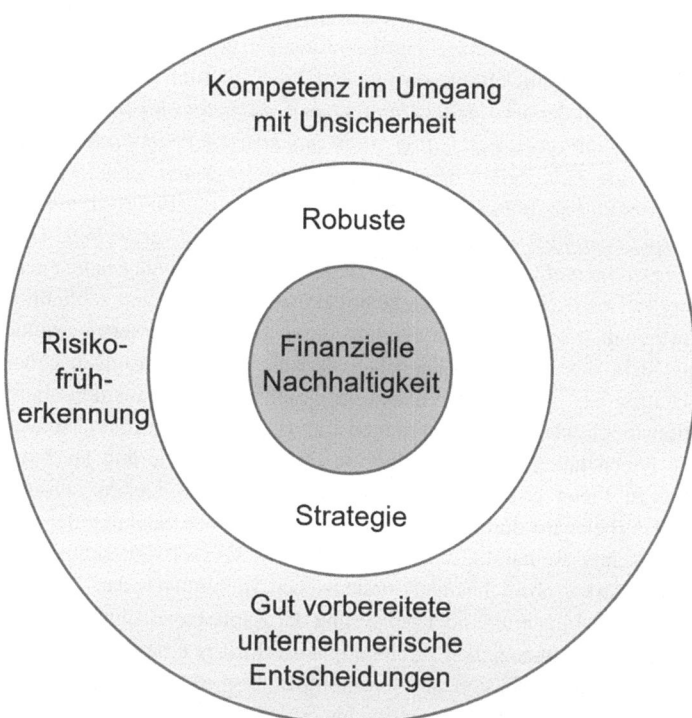

Abb. 1.2 Das 3-Ringe-Modell zur Messung und Verbesserung der Zukunftsfähigkeit von Unternehmen

Eine „nachhaltige Unternehmensführung" zeichnet sich dann insbesondere dadurch aus, dass in die Unternehmenssteuerung und Entscheidungsfindung – über die jeweils gesetzlichen Mindestbestimmungen hinaus – ökologisch, sozial und ökonomisch nachhaltige Anforderungen explizit integriert werden. Während das Befolgen des ökologischen Nachhaltigkeitsprinzips beispielsweise die Entwicklung ressourcen- und emissionssparender Innovationen erfordert, kann mit Blick auf die soziale Nachhaltigkeit gemäß dem Nobelpreisträger Gary Stanley Becker das Humankapital als ein wesentlicher Teil des immateriellen Vermögens eines Unternehmens durch Investitionen in Trainingsmaßnahmen, Fortbildungen sowie Kompetenzentwicklungen positiv beeinflusst werden.[15] Salim Ismail,

---

[15] Vgl. Becker (1993), S. 29 ff.

Michael S. Malone und Yuri van Geest weisen drauf hin, dass sich gemäß einer Einschätzung des Organisations- und Lernforschers John Seely Brown die Halbwertszeit erlernter Fähigkeiten von rd. 30 Jahren auf fünf Jahre reduziert habe. Sie schlussfolgern daraus: *„Jedes Unternehmen, das heute eine permanente Belegschaft in Vollzeittätigkeit beschäftigt, stößt immer wieder auf Probleme, weil die Mitarbeiter ihre Fähigkeiten nicht auf dem neuesten Stand halten können, weshalb das Personal mehr Führung benötigt. In einem schnelllebigen, globalen und vom Internet beeinflussten Markt wenden sich zunehmend verzweifelte Organisationen an externe und vorübergehende Mitarbeiter, um diese Lücken im Fachwissen zu füllen. "*[16] Das ökonomische Nachhaltigkeitsprinzip postuliert schließlich, dass mit dem Erhalt oder gar der Steigerung des Unternehmenswertes (mindestens) eine aus Sicht des Eigenkapitalgebers risikoadäquate Verzinsung nachhaltig zu erwirtschaften ist.[17] Dieser Verzinsungsanspruch leitet sich aus den alternativen Investitionsmöglichkeiten der Kapitalgeber ab (i. S. von Opportunitätskosten) und stellt die sogenannten Eigenkapitalkosten dar. Die Orientierung an den Eigenkapitalkosten bietet einen Schutz vor der strategischen Gefahr *„erodierender Ziele"*[18]. Hierbei wird durch eine immer wiederkehrende Senkung der unternehmensspezifischen Rentabilitätsanforderungen der Versuch unternommen, einen sich immer stärker abzeichnenden strategischen Handlungsbedarf (*„strategische Lücke"*[19]) zur Stabilisierung oder Steigerung der Kapitalverzinsung auszublenden. Die Sicherung der finanziellen Nachhaltigkeit erfordert eine robuste Strategie.[20] Eine robuste Strategie basiert auf Kernkompetenzen, d. h. auf Fähigkeiten und Tätigkeiten, die langfristig wertvoll, schwierig kopierbar und vielfältig nutzbar sind.[21] Diese Kernkompetenzen ermöglichen es – orientiert an den Kundenwünschen – Wettbewerbsvorteile aufzubauen, die zu einer Differenzierung von Wettbewerbern und zur langfristigen Bindung von Kunden beitragen. Wichtig sind hier die Verfügbarkeit einer starken Marke, herausragender Technologien (Patente), einer „kritischen Masse" an Kunden bzw. Partnern mit Netzwerk-

---

[16] Vgl. Ismail/Malone/van Geest (2017), S. 42.

[17] Vgl. Gleißner (2019a).

[18] Vgl. hierzu den entsprechenden *„Systemarchetyp"* von Peter Michael Senge (siehe Senge (2017), S. 129 ff. sowie S. 457 f.)

[19] Eine strategische Lücke gibt die Differenz zwischen einer Fortschreibung des Status quo (inkl. Schließung einer ggf. vorhandenen „operativen Lücke" i. S. einer Realisation eines operativen Optimierungspotenzials) sowie einem wünschenswerten bzw. für das Fortbestehen des Unternehmens erforderlichen strategischen Zukunftsbild an (vgl. Nagel/Wimmer (2014), S. 122 f.).

[20] Vgl. Gleißner (2021a), S. 126 f. und Gleißner/Weissman (2021).

[21] Vgl. Hamel/Prahalad (1995).

oder Kostendegressionseffekten und gut abgesicherter Kundenbeziehungen (welche hohe Wechselkosten implizieren). Dies führt zu einer „Preissetzungsmacht" und zur Möglichkeit, Kostenschwankungen auf Geschäftspartner zu übertragen. Unattraktive Tätigkeitsfelder oder Kundengruppen werden gemieden, ebenso kritische Abhängigkeiten (z. B. durch Diversifikation). Die Wertschöpfungskette ist so gestaltet, dass nur Aktivitäten im Unternehmen erbracht werden, die nicht besser zugekauft werden können. Ferner sichern Redundanzen und Reserven die organisationale Resilienz.[22] Ergänzend zur robusten Strategie ist ein leistungsfähiges Risikofrüherkennungssystem nötig, das speziell strategische Risiken – wie Bedrohungen der Erfolgspotenziale – frühzeitig erkennt. Zudem ist es notwendig, bei unternehmerischen Entscheidungen Risiken zu berücksichtigen, um Krisen durch übersehene Risiken zu vermeiden.[23]

Eine grundlegende Frage ist, wie bei einer nachhaltigen Unternehmensführung Maßnahmen zur Verbesserung der Nachhaltigkeit zu bewerten sind. Häufig ist hier ein mehrdimensionales Bewertungskonzept zu finden, bei dem die Auswirkungen von Maßnahmen auf Gesellschaften, Umwelt und die wirtschaftliche Entwicklung wenig konzeptionell fundiert gegeneinander abgewogen werden. Derartige Multikriterien-Systeme lassen der Geschäftsleitung einen hohen diskretionären Entscheidungsspielraum und bergen gemäß der Principal-Agent-Theorie die Gefahr, dass Interessen der Geschäftsleitung („Agent") gegenüber den der Anteilseigner bzw. anderen Stakeholder („Principal") bevorzugt zur Geltung kommen.[24] Aus Perspektive der Eigentümer, die als einzige Stakeholder über keine vertraglich gesicherten Ansprüche an das Unternehmen verfügen, kann dies besonders gravierende Nachteile zur Folge haben.[25] Um die Gefahr einer möglichen Diskriminierung heutiger und zukünftiger Stakeholder möglichst gering zu halten, bietet sich die Verwendung einer modellbasierten Berechnung des Unternehmenswertes als ein übergreifender Erfolgsmaßstab und konsistentes Entscheidungskriterium an.[26] Dies setzt voraus, dass sämtliche entscheidungsrelevanten Aspekte der ökonomischen, ökologischen und sozialen Nachhaltigkeit fachlich fundiert und konsistent in das Modell integriert werden. So lassen sich

---

[22] Vgl. Gleißner (2021b) und Honold (2020); „organisationale Resilienz ist die Fähigkeit eines Unternehmens, auf externe Schocks zu reagieren und sich erfolgreich anzupassen und weiterzuentwickeln" (Schäffer (2012), S. 31).

[23] Vgl. Gleißner (2019a).

[24] Vgl. Jensen/Meckling (1976), Picot et al. (2020), S. 24 ff. sowie mit Blick auf den Einfluss mikropolitischer Prozesse auf die strategische Unternehmensplanung Bone-Winkler (1997), S. 174 ff.

[25] Vgl. Friedman (2007), S. 173 ff.

[26] Vgl. Gleißner (2022), S. 442 ff. und Gleißner (2021d).

zum Beispiel Kriterien einer sozialen Nachhaltigkeit wissenschaftlich sehr gut fundiert und praxisbewährt durch die Aufnahme von Elementen einer „Wissensbilanz"[27] in ein Unternehmenswertmodell integrieren. Hierdurch wird es möglich, v. a. kurzfristig vorteilhaft erscheinende Maßnahmen – wie eine Verringerung des Personalaufwands durch eine Reduktion von Fort- und Weiterbildungsmaßnahmen oder das Aufschieben von Investitionen in eine zukunftsfähige IT-Architektur – gegen die längerfristig zu erwartenden negativen Auswirkungen – wie eine sinkende Arbeitsproduktivität und Beschäftigungsfähigkeit („Employability") bzw. eine unzureichende „Digital Readiness" – abzuwägen. Allein schon an diesem Beispiel lässt sich erkennen, dass die Möglichkeiten einer nachhaltigen Unternehmensführung ganz wesentlich von den unternehmensspezifischen Fähigkeiten zur Bewertung und Modellierung des Einflusses auch nicht finanzieller Faktoren – wie von dem Qualifikationsniveau der Menschen im Unternehmen und der Beschaffenheit der IT-Systeme – auf den Unternehmenswert („Business Analytics"[28]) determiniert werden.

Im Rahmen eines solchen „wertorientierten Nachhaltigkeitsmanagements"[29] werden auch bei einer rein finanziellen Betrachtung die Auswirkungen des Unternehmens für Gesellschaft und Umwelt im Entscheidungskalkül berücksichtigt. Wird beispielsweise durch besonders unethische Geschäftspraktiken oder eine die Umwelt beeinträchtigende Produktion die Reputation des Unternehmens negativ beeinflusst, so kann dies über einen Verlust von Kunden die zukünftigen Erträge und damit den Unternehmenswert verringern. Ein weiterer Vorteil eines an der Wertentwicklung des Unternehmens ausgerichteten Nachhaltigkeitsmanagements kann darin gesehen werden, dass die Relevanz von weiteren rechtlich,

---

[27] Das immaterielle Vermögen eines Unternehmens lässt sich grundsätzlich mittels einer Wissensbilanz analysieren, die sich in die drei Kategorien Humankapital (i. S. des Wertes der Fähigkeiten und des Wissens von Menschen), Strukturkapital (i. S. des Wertes von Prozessen und Technologien) sowie Beziehungskapital untergliedern lässt (vgl. Kohl et al. (2020), Bornemann/Reinhardt (2017), Alwert et al. (2013) und Mertins et al. (2005); zur Integration von Wissensbilanzen in das operative und strategische Wertmanagement vgl. Fischer/Baumgartner (2014) und Günther (2005)). Das Beziehungskapital wird auch als „Sozialkapital" bezeichnet, welches den Wert des Beziehungsgeflechtes repräsentiert, das für die Erreichung der Unternehmensziele notwendig ist (vgl. Nagel (2012), S. 69 ff.).

[28] Unter Business Analytics ist ein evidenzbasiertes, d. h. ein durch die Auswertung von Daten mittels Algorithmen fundiertes Lösen betriebswirtschaftlicher Probleme im gesamten Managementzyklus von Planung, Steuerung und Kontrolle zu verstehen (vgl. Seiter (2019), S. 2).

[29] Vgl. Gleißner (2021c).

politisch, gesellschaftlich oder auch ökonomisch relevanten Nachhaltigkeitskriterien, wie die der „EU-Taxonomie"[30] oder die zum Teil recht heterogene Kriterien von ESG-Ratings[31], für die Unternehmenssteuerung deutlich transparenter und systematischer bestimmt werden kann.

Als Zwischenfazit lässt sich festhalten, dass durch eine bewusste und substanzielle Erweiterung der Unternehmensführung um Aspekte der Nachhaltigkeit die Komplexität der Analyse- und Entscheidungssituationen deutlich zunehmen kann. Als komplex soll hier in Anlehnung an Dietrich Dörner eine Situation dann bezeichnet werden, wenn sich diese durch eine Vielzahl voneinander wechselseitig abhängiger Einflussfaktoren auszeichnet.[32] Der mit einer nachhaltigen Unternehmensführung verbundene Komplexitätsanstieg ist demnach auf den starken Anstieg der zu berücksichtigenden wechselseitigen Abhängigkeiten zwischen ökologischen, sozialen und ökonomischen Einflussfaktoren sowie die (teilweise unbeabsichtigten) Neben- und Fernwirkungen von Entscheidungen und Maßnahmen zurückzuführen. Auch wenn ein Unternehmen weiter den finanziellen Erfolg, also speziell den Unternehmenswert, als eine übergeordnete Zielgröße sieht, ergibt sich eine höhere Komplexität. Die Auswirkungen der wirtschaftlichen Tätigkeit eines Unternehmens auf Umwelt und Gesellschaft beeinflussen nämlich Entscheidungen von Kunden, Zulieferern, Kooperationspartnern und von den Menschen in dem Unternehmen, welche wiederum finanzielle Auswirkungen zur Folge haben können (z. B. über die Kaufentscheidungen von Kunden). Erschwerend kommt hinzu, dass der Einfluss ökologischer und insbesondere sozialer Faktoren auf die finanzielle Entwicklung kaum mehr definitorisch gegeben ist. Dieser ist vielmehr individuell für jedes Unternehmen forschend herauszufinden (wie z. B. durch den Einsatz der Regressionsanalyse zur Bestimmung eines funktionalen Zusammenhangs zwischen den ökologischen und sozialen Faktoren auf der einen Seite und den betriebswirtschaftlichen Kennzahlen auf der anderen Seite[33], der Diskriminanzanalyse für die Zuordnung zu bestimmten

---

[30] Vgl. Kamprath (2022) sowie Schütze et al. (2020), S. 974 ff.

[31] Vgl. Câmara (2022), S. 29 ff.

[32] Vgl. Dörner (2003), S. 60; einen guten Überblick bezüglich der für Unternehmen besonders relevanten Rückkopplungsprozesse sowie damit zum Teil einhergehenden Systeminstabilitäten bieten die von Peter Michael Senge herausgearbeiteten zehn „Systemarchetypen" (vgl. Senge (2017), S. 451 ff.).

[33] Siehe hierzu Backhaus et al. (2021), S. 61 ff.; zur Analyse (z. T. zirkulärer) Wechselwirkungen zwischen den Einflussfaktoren bietet sich u. a. die Strukturgleichungsanalyse (i. S. einer Kausalanalyse) an (vgl. Backhaus et al. (2015), S. 65 ff.).

Gruppen[34] (wie Gruppe A: Potenzialträger bleibt, Gruppe B: Potenzialträger kündigt) und des A/B-Testings zur Messung der Wirksamkeit von Maßnahmen[35]).

1.2   Bedeutung der Digitalisierung für die Unternehmensführung

Neben dem Themenkomplex Nachhaltigkeit stellt die zunehmende „Digitalisierung" der Wirtschaft eine weitere erhebliche Herausforderung dar, die eine grundlegende Neuausrichtung der Unternehmensstrategie und Geschäftsmodelle sowie eine Transformation der Aufbau- und Ablauforganisation erforderlich machen kann. Die mit der Digitalisierung voranschreitende Dematerialisierung von Produkten, Dienstleistungen und Wertschöpfungsprozessen sowie die damit einhergehende zunehmende Bedeutung immaterieller Vermögensgegenstände im Sinne einer „Asset-Light Economy" lässt sich u. a. anhand der Veränderung des Anteils immaterieller Vermögensgegenstände am Marktwert des Eigenkapitals von Unternehmen des S&P 500 recht gut beobachten. So hat sich der entsprechende Anteil immaterieller Vermögensgegenstände am Marktwert des Eigenkapitals von rund 17 % im Jahr 1975 auf 90 % im Jahr 2020 erhöht.[36] Besonders auffällig ist dies bei Unternehmen mit einem schwerpunktmäßig digitalen Geschäftsmodell. So steht beispielsweise im Jahr 2021 dem Marktwert von Alphabet von über 1,6 Billionen US-Dollar eine Bilanzsumme oder auch ein Eigenkapital von weniger als 400 Milliarden US-Dollar gegenüber.[37] Aus der Kombination von Digitalisierung und Vernetzung resultieren zudem sogenannte „Netzwerkeffekte". Je nachdem, über welche Medien die Vernetzung umgesetzt wird, verändert sich der Nutzen für die Teilnehmenden mit der Größe des Netzwerkes linear, quadratisch oder exponentiell.[38] Gemäß „Sarnoffs Gesetz" erhöht

---

[34] Siehe hierzu Backhaus et al. (2021), S. 223 ff.

[35] Bei einem sogenannten A/B-Testing wird mittels eines t-Tests überprüft, ob sich die Mittelwerte beispielsweise steuerungsrelevanter Zielgrößen bei einer bestimmten Restwahrscheinlichkeit α (häufig gilt hier $\alpha = 5$ %) ohne und mit Maßnahmen (bei dem Vergleich einer Test- mit einer Kontrollgruppe) bzw. vor und nach Maßnahmen (bei einer Betrachtung einer Gruppe im Zeitverlauf) signifikant voneinander unterscheiden (vgl. Bleymüller et al. (2020), S. 141 ff. bzw. S. 146 ff. sowie Siroker/Koomen (2013)).

[36] Vgl. Ocean Tomo (2022); der Anteil immaterieller Vermögensgegenstände am Marktwert des Eigenkapitals von Unternehmen des S&P Europe 350 beläuft sich demgegenüber im Jahr 2020 auf „nur" 75 %.

[37] Vgl. Loitz/Nütten (2022), S. 1338.

[38] Vgl. Döbeli Honegger (2017), S. 166 f.

sich der Nutzen eines Massenmediums bzw. von einem „1-zu-n-Netzwerk" – wie z. B. der Nutzen des Fernsehens oder von Blog- und Videobeiträgen – linear mit der Anzahl der Teilnehmenden. „Metcalfes Gesetz" besagt, dass der Nutzen eines 1-zu-1-Netzwerkes (wie z. B. eines Telefonnetzes oder einer digitalen Handelsplattform) quadratisch mit der Anzahl der Teilnehmenden steigt. In Netzen, in denen auch in Untergruppen interagiert werden kann (wie beispielsweise in sozialen Netzwerken, Communities[39] oder teilweise in digitalen Ökosystemen[40]), nimmt nach „Reeds Gesetz" der Netzwerknutzen exponentiell mit der Anzahl der Teilnehmenden zu. Eben dieser überproportionale Anstieg des Netzwerknutzens führt dazu, dass Erfolg mit noch mehr Erfolg belohnt wird[41] (*„The winner takes it all"*[42]). Carl Shapiro und Hal Ronald Varian wiesen hierauf bereits 1998 in ihrer wegweisen Publikation *„Information Rules: A Strategic Guide to the Network Economy"* wie folgt hin: *„The notion of positive feedback is crucial to understanding the economics of information technology. Positive feedback makes the strong get stronger and the weak get weaker, leading to extreme outcomes."*[43] Es setzt ab einer gewissen Netzwerkgröße ein sich selbst verstärkender Wachstumseffekt ein, der zu monopol- oder oligopolartigen Machtstrukturen führt. Die Leistungserbringung in der digitalen Welt ermöglicht zudem – insbesondere durch eine umfassende Automatisierung von Prozessen sowie Digitalisierung von Produkten und Dienstleistungen – eine nahezu kostenlose Erhöhung des Angebotes („Null-Grenzkosten"). Das Phänomen, dass es bei sinkenden bis sogar inexistenten Grenzkosten sowie dem Vorliegen von Netzwerkeffekten zu Monopolbildungen kommt, wird auch als „Arthurs Gesetz"[44] bezeichnet.

Die auf Basis digitaler Technologien und durch die Nutzung von Netzwerkeffekten sehr schnell wachsenden und kapazitativ skalierbaren Unternehmen

---

[39] Während Communities tendenziell stark themenbezogene Gemeinschaften sind, zeichnen sich sozialen Netzwerke eher durch persönliche Beziehungen – beispielsweise aufgrund gemeinsamer Überzeugungen und Werte – aus. Soziale Netzwerke bergen daher eine besonders hohe Gefahr einer selektiven Informationsverarbeitung sowie einer Verengung der Weltsicht, die zu Bestätigungsfehlern führen kann („Echokammer").

[40] *„Ein Digitales Ökosystem ist ein sozio-technisches System, in dem Unternehmen und Menschen kooperieren, die zwar unabhängig sind, sich von der Teilnahme aber einen gegenseitigen Vorteil versprechen"* (Fraunhofer (2022)). Als Beispiele für digitale Ökosysteme sind Apple und Amazon zu nennen.

[41] Siehe hierzu den entsprechenden Systemarchetyp von Peter Michael Senge *„Erfolg den Erfolgreichen"* (Senge (2017), S. 460 f.).

[42] Vgl. Pätzold (2019), S. 123 ff.

[43] Shapiro/Varian (1998), S. 175.

[44] Vgl. Döbeli Honegger (2017), S. 169 f.

bezeichnen Salim Ismail, Michael S. Malone und Yuri van Geest auch als „Exponentielle Organisationen" („ExO's").[45] Basierend auf einem „Massive Transformative Purpose" („MTP"), einer sinnstiftenden und Orientierung gebenden Zielsetzung (i. S. einer Vision), nutzen ExO's insbesondere fünf externe und fünf interne Erfolgsprinzipien. Die fünf externen Prinzipien werden mit dem Akronym „SCALE" bezeichnet, welches die Anfangsbuchstaben von „Staff on Demand", „Community & Crowd", „Algorithms", „Leveraged Assets" sowie „Engagement" zusammenfasst. Unternehmen können demnach besonders leicht ein schnelles Wachstum realisieren, wenn sie insbesondere

- auf externe Mitarbeitende zurückgreifen können, die über ein breites Kompetenzprofil sowie aktuelles, vernetztes und tiefgehendes Fachwissen verfügen,
- potenzielle Kundinnen und Kunden durch die Bildung einer Community an sich binden können *(„The link is more important than the thing"*[46]*)*,
- Prozesse mittels Algorithmen und des Einsatzes Künstlicher Intelligenz so weit wie möglich automatisieren,
- den Einsatz von materiellen Vermögensgegenständen so gering wie möglich halten oder diese ggf. nur mieten sowie
- durch einen engen und regen Informationsaustausch mit den Stakeholdern wichtige Informationen über die Kunden-/Stakeholderbedürfnisse sowie die Qualität des Kundenerlebnisses („Customer Experience") erhalten.

Insbesondere die Kombination aus Digitalisierung, Vernetzung und algorithmenbasierter Automatisierung von Prozessen kann dabei die Transaktionskosten von Unternehmen – wie beispielsweise die Kosten für die Informationsbeschaffung, Analyse, Vertragsschließung, Kontrolle, Steuerung, Koordination, Motivation und Entscheidungsfindung – deutlich reduzieren. Die Nutzung entsprechender Potenziale zur Senkung der Transaktionskosten kann die Wettbewerbsfähigkeit von Unternehmen maßgeblich beeinflussen und damit für deren Überleben von ausschlaggebender Bedeutung sein.

Die fünf internen Prinzipien werden zu dem Akronym "IDEAS" verdichtet, welches für „Interfaces", „Dashboards", „Experiments", „Autonomy" und „Social Technologies" steht.[47] Durch effiziente und effektive (digitale) Schnittstellen, eine adressatengerechte und zeitnahe Aufbereitung wesentlicher Analyse- und Steuerungsinformationen, ein schnelles Lernen auf Basis systematisch und zielgerichtet

---

[45] Ismail et al. (2017), S. 35 ff.
[46] Cova/Cova (2002), S. 595 ff.
[47] Ismail et al. (2017), S. 63 ff.

durchgeführter Experimente, eine Förderung autonomer und selbstorganisierter Arbeitsweisen sowie durch den Einsatz kollaborativer Arbeitsmethoden und (digitaler) Tools können dann ebenfalls die internen Voraussetzungen für ein schnelles Wachstum und eine hohe Reaktionsfähigkeit geschaffen werden.

Die Digitalisierung reduziert in der Folge insbesondere Markteintrittshemmnisse für neue Wettbewerber, auch aus anderen Branchen, was das (Umsatz-) Risiko für die bereits etablierten Unternehmen einer Branche erhöht. Die zunehmende Verfügbarkeit von Kundendaten ermöglicht das Angebot stark kundenspezifisch angepasster Lösungen, was zu erheblichen strategischen Risiken für diejenigen Unternehmen führt, die bisher primär standardisierte Produkte für einen anonymen Massenmarkt anbieten. Die wenig kapitalintensiven und skalierbaren Geschäftsmodelle, welche die Digitalisierung möglich macht, erlauben hohe Wachstumsraten und schnelle Umbrüche in Branchen, was ebenfalls die strategischen Risiken erhöht. Oft entstehen durch Digitalisierung auch neue Abhängigkeiten, weil Unternehmen z. B. beim Vertrieb ihrer Produkte auf wenige dominierende Anbieter digitaler Plattformen, über die Kundenkontakte laufen, angewiesen sind. Schließlich können sich durch die Digitalisierung auch gravierende strategische Risiken in Folge neuer Substitutionsprodukte ergeben: Neue digitale Produkte verdrängen traditionelle physische bzw. technologisch nicht mehr zeitgemäße Produkte, was ein bestandsgefährdendes Risiko für etablierte Unternehmen darstellen kann ("Disruption").[48]

Abschließend sei darauf hingewiesen, dass in diesem Kapitel lediglich die grundlegenden Herausforderungen einer nachhaltigen Unternehmensführung sowie einer zunehmenden Digitalisierung der Wirtschaft skizziert worden sind. Beide Megatrends werden voraussichtlich die kommenden Jahre und Jahrzehnte bestimmen. Die damit einhergehenden unternehmensspezifischen Auswirkungen sind mit Blick auf die bereits zuvor thematisierte Komplexität als äußerst unsicher einzustufen. Diese sowohl durch die Digitalisierung als auch durch die zunehmenden Nachhaltigkeitsanforderungen hervorgerufenen Unsicherheiten sind bei allen Überlegungen zur Weiterentwicklung von Unternehmensstrategien und bei der Ableitung konkreter Einzelmaßnahmen zu beachten. Auch hier ist – wie bereits bei dem wertorientierten Nachhaltigkeitsmanagement – ein integrativer Ansatz anzustreben. Es sollte beachtet werden, dass jede unternehmerische Tätigkeit mit einer Vielzahl von Risiken – im Sinne von möglichen positiven Abweichungen ("Chancen") und negativen Abweichungen ("Gefahren") von einer zu

---

[48] Vgl. Gleißner (2022), S. 162 ff.

erwartenden Entwicklung – verbunden ist. „Nachhaltigkeitsrisiken" und „Digitalisierungsrisiken" sollten daher im Kontext eines ganzheitlichen Risikomanagementansatzes betrachtet werden, welcher ergänzend auch alle anderen Unternehmensrisiken – wie Unsicherheiten in den Lieferketten, Finanzierungsbedingungen oder auch Absatzmärkten – systematisch und konsistent berücksichtigt. Ein solcher Ansatz erfordert die Identifikation, Quantifizierung und Aggregation aller wesentlichen Risiken. Nur so lassen sich beispielsweise der Grad der Bestandsgefährdung eines Unternehmens, der Bedarf an Eigenkapital und Liquiditätsreserven (als Risikodeckungspotenzial), die Sinnhaftigkeit bestimmter Risikobewältigungsmaßnahmen sowie die Erfolgswahrscheinlichkeit einer eventuell notwendigen Unternehmenstransformation beurteilen. Die Erfolgsfaktoren und Schlüsselkompetenzen für eine gelingende Unternehmenstransformation werden im nächsten Abschnitt betrachtet.

1.3   Reflexion

Folgende Fragen laden zur Standortbestimmung mit Blick auf Nachhaltigkeit und Digitalisierung ein:

- Was bedeutet Nachhaltigkeit – für Sie persönlich, für die jeweiligen Stakeholder (Anspruchsgruppen) und für Ihr Unternehmen?
- Welche besonders bedeutsamen Zielkonflikte sind im Rahmen einer nachhaltigen Unternehmensführung zu beachten?
- Welche positiven Auswirkungen können sich mit Blick auf Gesellschaft und Umwelt ergeben, wenn Unternehmen sich schon allein wirtschaftlich nachhaltig am Ziel der Verbesserung oder auch nur Wahrung des Unternehmenswertes ausrichten würden?
- Wie groß ist der Anteil der Transaktionskosten an den Gesamtkosten Ihres Unternehmens?
- Was würde es bedeuten, wenn Ihre Wettbewerber die Transaktionskosten dank Digitalisierung, Automatisierung und Vernetzung um 40 % senken könnten?

Strategische Erfolgspotenziale einer gelingenden Transformation

2

Zusammenfassung

Je größer der strategische Handlungsbedarf (im Sinne einer strategischen Lücke) und der daraus resultierende Veränderungsbedarf eines Unternehmens sind, desto eher muss sich ein Unternehmen von einer „Optimierenden Organisation" hin zu einer „Forschenden Organisation" entwickeln. Die Fähigkeit zur Optimierung bestehender Prozesse, Strukturen und Geschäftsmodelle auf der einen Seite („exploitatives Lernen") und die Möglichkeit, diese grundlegend weiterzuentwickeln („exploratives Lernen"), stehen in einem fundamentalen Widerspruch zueinander. Das hieraus resultierende „Kompetenz-Dilemma" zwingt Unternehmen zur Bevorzugung der Entwicklung von Fähigkeiten zur grundlegenden Weiterentwicklung des Unternehmens („Dynamic Capabilities") gegenüber der Optimierung des Bestehenden, sofern eine substanzielle strategische Lücke im Rahmen eines Transformationsprozesses zu schließen ist. Ob ein Unternehmen längerfristig seine Wettbewerbsfähigkeit wahren und seinen Lebenszyklus verlängern bzw. einen neuen erschaffen kann, hängt von vier strategischen Erfolgspotenzialen ab: Der Schaffung angemessener Rahmenbedingungen („Kontext-Design"), dem Erreichen und Bewegen von Menschen („Resonante Kommunikation"), der Fähigkeit zum möglichst frühzeitigen Erkennen wesentlicher Veränderungen („Orientierungskompetenz") sowie der Nutzung geeigneter Leitbilder („Robustes Unternehmen").

T. Grundmann and W. Gleißner, *Transformation Scorecard*,
https://doi.org/10.1007/978-3-662-67000-2_2

2.1   Transformation von Unternehmen

Für eine erfolgreiche Navigation von Unternehmen durch die Wogen des Wandels aus Nachhaltigkeit und Digitalisierung ist die Fähigkeit des Fällens eines adäquaten Urteils bezüglich des Ausmaßes einer sich abzeichnenden strategischen Lücke von besonders hoher Relevanz. Dies setzt voraus, dass die Unternehmensführung bereit und in der Lage ist, eine Differenz zwischen einer Fortschreibung des Status quo und einer erwünschten bzw. erforderlichen – den Anforderungen aus Nachhaltigkeit und Digitalisierung gerecht werdenden – Unternehmenszukunft zu erkennen.

Im Hinblick auf das Ausmaß des Veränderungsbedarfes ist hier zwischen einem „Change" und einer „Transformation" zu unterscheiden. Während Change eher einen exploitativen Lernprozess impliziert, bei dem die vorhandenen Prozesse entlang etablierter Handlungsmuster verbessert werden sollen, zielt die Transformation auf einen explorativen Lernprozess zur Veränderung etablierter Muster ab.[1] Der Organisationstheoretiker James Gardner March konkretisiert diesen wesentlichen Unterschied wie folgt: *„Exploration includes things captured by terms such as search, variation, risk taking, experimentation, play, flexibility, discovery, innovation. Exploitation includes such things as refinement, choice, production, efficiency, selection, implementation, execution. Adaptive systems that engage in exploration to the exclusion of exploitation are likely to find that they suffer the costs of experimentation without gaining many of its benefits."[2]

Für eine möglichst objektive Beurteilung, ob es sich bei einem Vorhaben um eine Transformation handelt, können mit Blick auf Unternehmen indikativ die folgenden vier Kriterien herangezogen werden:

Kriterium 1: Wertschöpfungsketten-Transformation
Die vom Transformationsvorhaben tangierten Wertschöpfungsprozesse verursachen mehr als 50 % des unternehmensweiten Aufwands im fünften Planjahr.
Kriterium 2: Geschäftsmodell-Transformation
Die durch die Transformation veränderten oder neu zu entwickelnden Produkte und Dienstleistungen machen mehr als 50 % des Gesamtertrags im fünften Planjahr aus.

---

[1] Vgl. Schreyögg/Eberl (2015), S. 108 sowie Herrmann-Pillath (2002), S. 404.
[2] March (1991), S. 71.

Kriterium 3: Risiko-Transformation

Die für die Umsetzung der Transformation erforderlichen finanziellen Mittel sowie die ggf. notwendigen Abschreibungen auf Anlage- oder Umlaufvermögen betragen in Summe mehr als 30 % des Eigenkapitals in der Ausgangssituation.[3]

Kriterium 4: Kompetenz-Transformation

Das Unternehmen benötigt die Fähigkeit, neue (für z. B. Digitalisierung und Nachhaltigkeitsmanagement wesentliche) Kompetenzen aufzubauen. So kann beispielsweise die Umsetzung von Digitalisierungsstrategien es erforderlich machen, das Kompetenzprofil von den Fähigkeiten zum Angebot von Standardprodukten („Standardisierung") hin zum Angebot von individuellen Lösungen („Individualität") zu transformieren (siehe hierzu Abb. 2.1).

Ein Vorhaben weist demnach genau dann einen transformativen Charakter auf, wenn mindestens eines dieser Kriterien erfüllt ist. Abb. 2.1 zeigt strategische Handlungsfelder („Strategiedimensionen") und deren mögliche Ausprägungen. Eine erforderliche Veränderung bei sehr bedeutsamen Strategiedimensionen (wie beispielsweise eine Verlagerung der „Innovationsorientierung" (als eine Kernkompetenz) von „Imitation" zu „Innovation") kann dann einen entsprechenden Transformationsbedarf signalisieren.[4]

Die für eine Transformation charakteristischen explorativen Lernprozesse ermöglichen es Unternehmen, sich v. a. durch eine grundlegende Anpassung der Wertschöpfungsprozesse bzw. Geschäftsmodelle an veränderte Rahmenbedingungen anzupassen. Diese Fähigkeit zur Selbsterneuerung wird in der Wissenschaft als „Dynamic Capabilities" bezeichnet.[5] Gemäß David J. Teece, Gary Pisano und Amy Shuen sind Dynamic Capabilities von Unternehmen zu definieren als *„[...] the firm's ability to integrate, build and reconfigure internal and external resources to*

---

[3] Der Risikoumfang kann ergänzend auch gemäß der Value at Risk-Konzeption bestimmt werden. Dabei werden mittels Risikoaggregation die innerhalb des betrachteten Planungszeitraums mit einer bonitätsabhängigen bzw. als akzeptabel erachteten Restwahrscheinlichkeit maximal zu erwartenden Abweichungen entscheidungsrelevanter Zielgrößen vom jeweiligen Erwartungswert ermittelt (vgl. Gleißner (2022), S. 269 f.).

[4] Eine erste indikative Bewertung der „Bedeutung" kann auf einer Skala von 1 (gering) bis 3 (hoch) erfolgen, während die Veränderung der „individuellen Ausprägung" auf Basis von Werten zwischen 1 (keine Veränderung erforderlich) und 10 (grundlegende Veränderung bzw. neu zu entwickelnde Ausprägung) quantifiziert werden kann. Der Handlungsbedarf kann dann durch Multiplikation der beiden Bewertungsparameter bestimmt und durch einen Ampelstatus signalisiert werden (grün: < 8, gelb: < 15, rot: ≥ 15).

[5] Vgl. Schreyögg/Eberl (2015), S. 156 ff.

Strategiedimension	Bedeutung	Individuelle Ausprägung		Handlungs-bedarf
Kernkompetenzen				
Standardisierung		Standardisierung	Individualität	
Innovationsorientierung		Imitation	Innovation	
Kostenorientierung		Kostenorientierung	Qualitätsorientierung	
Strategische/operative Kompetenz		Strategische Kompetenz	Operative Kompetenz	
Digitalisierungsanstrengung		gering	hoch	
Strategische Stoßrichtung				
Shareholder/Stakeholder		Shareholder	Stakeholder	
Wertebasis		materielle Werte	immaterielle Werte	
Wachstumsorientierung		Wachstum	Konsolidierung	
Risiko-Rendite-Profil		risikovermindernd	renditesteigernd	
Finanzierungsstrategie		Innenfinanzierung	Außenfinanzierung	
Geschäftsfelder / Wettbewerbsvorteile				
Produktangebot		materiell	immateriell	
Erlösmodell		Einzelprojekte	kontinuierliche Zahlungsströme	
Leistungsbreite		Fokussierung	Diversifikation	
Wettbewerbsverhalten		defensiv	offensiv	
Preisorientierung		Preisführerschaft	Differenzierung	
Wertschöpfungskette				
Spezialisierungsgrad		Spezialisierte Ressourcen	Universelle Ressourcen	
Wertschöpfungstiefe		Wertschöpfungsautarkie	Wertschöpfungsverbund	
Kundenansprache		direkt	Online-Plattform	
Vertriebsansatz		Vertriebsorientierung	Produktorientierung	
Kostenstrategie		Null-Fixkosten	Null-Grenzkosten	

Abb. 2.1 Bewertung transformationsrelevanter Strategiedimensionen zur Festlegung der strategischen Positionierung (vgl. Gleißner (2020b), S. 12)

address rapidly changing environments. Dynamic capabilities thus reflect an orga-nization's ability to achieve new and innovative forms of competitive advantage given path dependencies and market positions. "[6]

Auf Basis der Governance-Structure-Theory des Nobelpreisträgers Oliver Eaton Williamson lässt sich ableiten, dass die Dynamic Capabilities bei stei-gendem Veränderungsbedarf und zunehmender Komplexität eine Begrenzung der Transaktionskosten ermöglichen.[7]

---

[6] Teece et al. (1997), S. 516.
[7] Vgl. Williamson (1991).

Bei allen drei in Abb. 2.2 betrachteten Organisationsformen steigen in Anlehnung an die Governance-Structure-Theory der Unternehmung die Transaktionskosten mit zunehmender Komplexität an.[8] Dies ist insbesondere darauf zurückzuführen, dass mit einer Erhöhung des Komplexitätsniveaus der Kommunikationsbedarf meist überproportional steigt. Die Erhöhung der Komplexität führt dazu, dass die vermehrt unüberschaubare und undurchsichtige Analyse- und Entscheidungssituation im Rahmen der Unternehmensführung die Einbindung von immer mehr Wissens- und Kompetenzträgerinnen sowie -trägern erfordert. Während die funktional-hierarchische Organisation insbesondere bei einer geringen Komplexität zu den niedrigsten Transaktionskosten führt, gilt dies ab einem Komplexitätsniveau von K_1 für die Team-Organisation und ab einem Niveau von K_2 für unternehmensübergreifende (digitale) Ökosysteme. In Team-Organisationen sowie digitalen Ökosystemen lassen sich somit besonders gut hochkomplexe Produkte (wie beispielsweise stark von dynamischen Anforderungen und Rahmenbedingungen abhängige Softwarelösungen) und Dienstleistungen entwickeln und anbieten. Die Team-Organisation ermöglicht auf einem deutlich höheren Komplexitätsniveau ein effektives und effizientes Arbeiten als die funktional-hierarchische Organisation, da die Varietät (im Sinne der Anzahl möglicher Handlungsoptionen) bei einem kollaborativ arbeitenden Team deutlich höher ist als bei funktional getrennt arbeitenden Menschen.[9] Dabei ist jedoch zu beachten, dass eine Team-Organisation (im Vergleich zu einer funktional-hierarchischen Organisation) deutlich höhere Anforderungen an das Fachwissen und die Kompetenzen der Menschen in einem Unternehmen stellen kann. So erfordern beispielsweise die im Rahmen einer Team-Organisation eingesetzten kollaborativen Arbeitsmethoden (wie z. B. der agile Projektmanagement-Ansatz „Scrum") die Entwicklung

---

[8] Dies gilt unter der Annahme, dass ein Anstieg der von Williamson explizit betrachteten „Faktorspezifität" mit einem Anstieg an Komplexität verbunden ist. Die Faktorspezifität gibt an, wie stark Vermögenswerte bzw. Produktionsfaktoren, die zur Herstellung eines Produktes oder zur Erbringung einer Dienstleistung erforderlich sind, auch noch gewinnbringend anderweitig verwendet werden können. Je größer die Gewinneinbußen einer zweitbesten Verwendung sind, desto höher ist die Faktorspezifität (vgl. Erlei et al. (2016), S. 181).

[9] Dies lässt sich indikativ u. a. anhand der zur Kommunikation verfügbaren Anzahl an Kommunikationskanälen erkennen. Während sich diese bei einer bestimmten Anzahl an Mitarbeitenden (n) in einer funktional-hierarchischen Organisation auf n − 1 beläuft, wächst die Anzahl an möglichen Kommunikationskanälen zwischen den Mitarbeitenden bei einer Team-Organisation auf bis zu n x (n − 1) / 2 an.

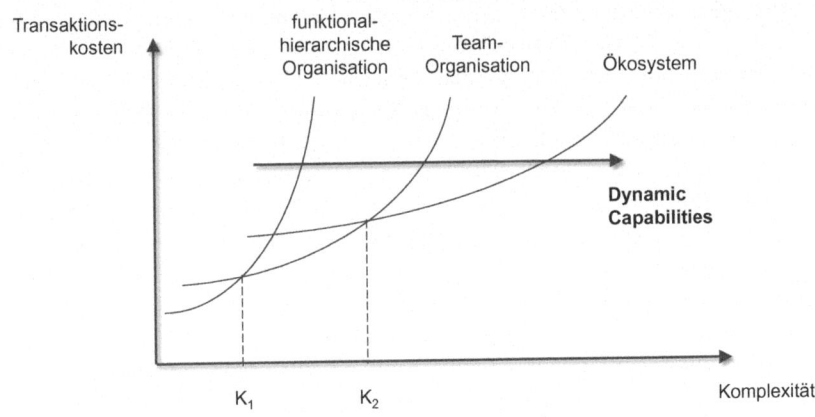

Abb. 2.2 Dynamic Capabilities ermöglichen eine Begrenzung der Transaktionskosten bei steigender Komplexität

von „X-shaped Professionals" sowie „T-shaped Professionals"[10] Kompetenzprofilen und damit eine zum Teil substanzielle Weiterentwicklung des Wissens und der Kompetenzen sowohl von Führungskräften als auch von Teammitgliedern.

Als eine besondere Herausforderung der Dynamic Capabilities kann das damit einhergehende „Kompetenz-Dilemma"[11] gesehen werden. Demnach muss sich ein Unternehmen entscheiden, ob es eher mittels eines exploitativen Lernens die „organisationalen Kompetenzen" zur Verbesserung der bestehenden Wertschöpfungsprozesse fördern will oder mittels eines explorativen Lernens die Dynamic Capabilities ausbauen möchte, welche gerade diese Wertschöpfungsprozesse im Hinblick auf zukünftige Herausforderungen substanziell infrage stellen (und damit bestehende organisationale Kompetenzen abwerten) können. Grundsätzlich dürften für Unternehmen immer beide Lernansätze von Bedeutung sein. Bei der Wahl zwischen exploitativem und explorativem Lernen

---

[10] Das Kompetenzprofil von kollaborativ und selbstorganisiert arbeitenden Teammitgliedern wird als „T-shaped Professionals" bezeichnet, das von den Führungskräften als „X-shaped Professionals". Der vertikale Strich des „T" steht dabei für ein breites und vernetztes Fachwissen, während der horizontale Balken für eine umfassende Sozialkompetenz steht (vgl. hierzu Rubin (2014), S. 241 ff., Seeger (2020) sowie Egle et al. (2021)). X-shaped Professionals zeichnen sich dadurch aus, dass sie eine Gruppe von T-shaped Professionals zu einem High-Performance Team (vgl. Jenewein und Heidbrink (2008)) weiterentwickeln können.

[11] Vgl. Schreyögg/Eberl (2015), S. 131 f.

handelt es sich in der Praxis daher vermutlich weniger um eine Entweder-oder-Entscheidung, sondern vielmehr um eine bewusste Schwerpunktsetzung. Für das Gelingen einer Transformation ist ein offensiver und konstruktiver Umgang mit dem Kompetenz-Dilemma von ausschlaggebender Bedeutung. Das Scheitern von Transformationsvorhaben kann insbesondere in unabgestimmten bzw. konfliktären prozessualen Schnittstellen gesehen werden. Wird keine klare Priorisierung des explorativen Lernens (Leadership) gegenüber dem exploitativen Lernen (Management) vorgenommen, so können die mit dem Kompetenz-Dilemma einhergehenden Zielkonflikte zu einer grundlegenden Verhinderung von Transformation und Innovation führen. Auf diese Gefahr wies bereits 2001 der Experte für Führungs- und Veränderungsmanagement John P. Kotter in der Dezemberausgabe des Harvard Business Review hin: *„Most [...] corporations today are over-managed and underled"*. Um dies zu vermeiden, sollte im Rahmen der strategischen Steuerungssysteme gerade der Ausgestaltung und Entwicklung der prozessualen Schnittstellen eine besonders große Aufmerksamkeit gewidmet werden.

2.2   Organisatorische Positionierung

Je nach Kombination des Ausmaßes der von der Unternehmensführung erkannten strategischen Lücke sowie des Umfangs des Veränderungsbedarfes lassen sich mit Blick auf die organisationalen Konsequenzen vier Situationen unterscheiden (vgl. Abb. 2.3).

Die vermutlich häufigste Konstellation von Unternehmen im 20. Jahrhundert war die der „Optimierenden Organisation". Durch Verbesserungen der meist in einer mehr oder weniger funktional-hierarchisch strukturierten Organisation implementierten Prozesse wurde entlang etablierter Handlungsmuster eine bestehende Strategie entsprechend den aktuellen Entwicklungen im Unternehmensumfeld immer wieder etwas angepasst. Die damit verbundenen Unsicherheiten konnten gemäß der von Frank Hyneman Knight 1921[12] festgelegten Definition als „Risiken" behandelt werden, die relativ leicht zu quantifizieren waren. Da die Strategien nur in eher seltenen Fällen vollkommen neu waren, konnten – insbesondere aufgrund von eigenen vergangenen Erfahrungen, Experteneinschätzungen[13] oder durch den Vergleich mit den Entwicklungen in anderen Unternehmen/Branchen/Volkswirtschaften – die mit der Strategieumsetzung

---

[12] Vgl. Knight (1921).

[13] Siehe Gleißner (2022), Gleißner (2019a) und Sinn (1980).

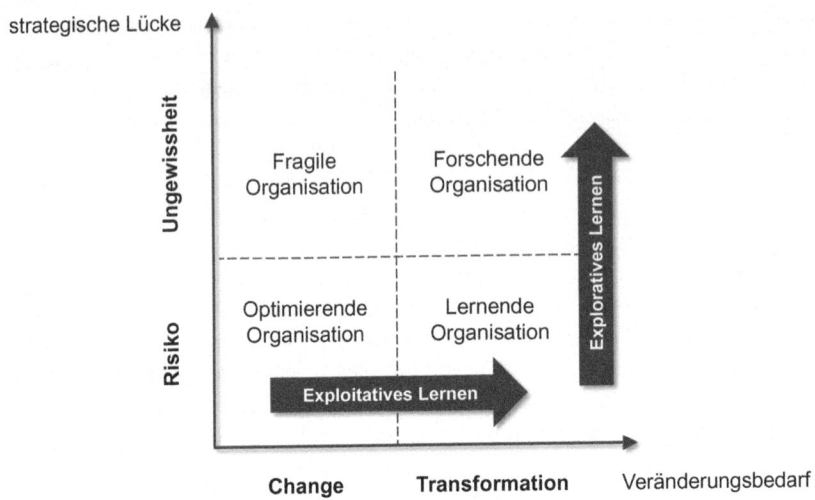

Abb. 2.3 Organisatorische Positionierung in Abhängigkeit von strategischer Lücke und identifiziertem Veränderungsbedarf

verbundenen Unsicherheiten durch Wahrscheinlichkeitsverteilungen beschrieben werden. In manchen Fällen konnten die bestehenden Handlungsmuster nicht mehr vollständig aufrechterhalten werden. Wenn beispielsweise eine erhöhte Wettbewerbsintensität in reifen Märkten eine stärkere Berücksichtigung der Marktentwicklung unter strategischen Gesichtspunkten erforderlich gemacht hatte, konnte durch eine Reorganisation die funktional-hierarchische Organisation zu einer Matrix-Organisation erweitert werden. Die Reorganisation erforderte dann ein exploitatives Lernen („Lernende Organisation") bezüglich des Umgangs mit der neuen beidseitigen Weisungsbefugnis aus der Objekt- und Funktionssicht einer Matrix-Organisation sowie der damit einhergehenden Kompetenzüberschneidungen. Sollte sich im Rahmen der strategischen Analyse ein größerer Handlungsbedarf abzeichnen, so muss das Unternehmen in weiten Teilen das gewohnte Tätigkeitsfeld verlassen und/oder die Art der Leistungserbringung grundlegend verändern („Forschende Organisation"). Die damit vermutlich einhergehende, umfassende strategische Lücke kann gemäß Frank Hyneman Knight für die

Unternehmensleitung zu einer „*true uncertainty*"[14] führen. Die mit der Umsetzung der Strategie verbundene Unsicherheit lässt sich – insbesondere aufgrund fehlenden Wissens – nicht mehr so einfach kalkulieren.

Als besonders kritisch ist hier die Situation einer „Fragilen Organisation" zu sehen. Obwohl sich bei einer Extrapolation der aktuellen Situation in die Zukunft eine größere strategische Lücke abzeichnet, sieht die Unternehmensleitung nur einen relativ geringen Veränderungsbedarf. Anstelle einer Veränderung etablierter Handlungsmuster („Transformation") wird lediglich eine Optimierung von vorhandenen Prozessen entlang etablierter Handlungsmuster angestrebt („Change"). Es droht die Gefahr einer bestandsgefährdenden Disruption, da das Unternehmen voraussichtlich immer weniger dazu in der Lage ist, die strategische Lücke rechtzeitig mit den jeweils (noch) verfügbaren Ressourcen zu schließen.

Der in Abb. 2.3 dargestellten organisatorischen Positionierung geht eine unternehmerische Entscheidung über die strategische Positionierung voraus (vgl. Abb. 2.1). Entsprechend der „Structure follows Strategy"-These von Alfred DuPont Chandler[15] ist folglich die organisatorische Positionierung von der aus der Strategie abzuleitenden strategischen Lücke und dem damit einhergenden Veränderungsbedarf abhängig.[16] Es ist zu beachten, dass Entscheidungen über die Veränderung der Unternehmensstrategie regelmäßig als „unternehmerische Entscheidungen" im Sinne der Business Judgement Rule (§ 93 Aktiengesetz) aufzufassen sind. Solche Entscheidungen sollten somit belegbar auf „angemessenen Informationen" basieren. Entsprechend sind die mit strategischen Handlungsoptionen einhergehenden Auswirkungen auf erwartete Erträge und Risiken transparent, konsistent und systematisch gegeneinander abzuwägen.

2.3 Strategische Erfolgspotenziale

Zusammenfassend kristallisieren sich mit Blick auf die organisationalen Kompetenzen sowie die Dynamic Capabilities drei zentrale strategische Erfolgspotenziale für Unternehmen heraus, welche zur Realisation kompetitiver Transaktionskosten sowie zum Gelingen einer erfolgreichen Unternehmenstransformation

---

[14] Knight (1921), S. 232.

[15] Gemäß dem von Alfred DuPont Chandler aufgestellten Postulat: „*that structure follows strategy and that the most complex type of structure is the result of the concatenation of several basic strategies*" (Chandler 1962, S. 14), ergeben sich aus der Strategie Anforderungen an die Ausgestaltung der Aufbau- und Ablauforganisation.

[16] Vgl. Gleißner (2019b).

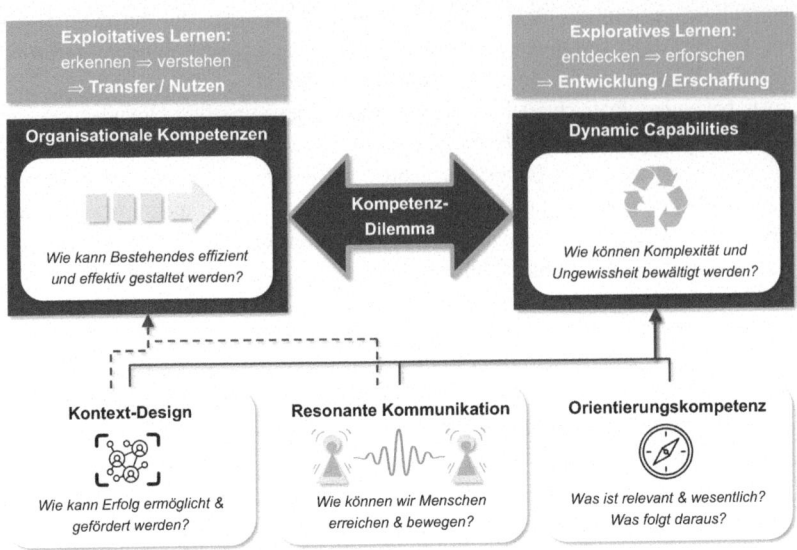

Abb. 2.4 Strategische Erfolgspotenziale bezüglich organisationaler Kompetenzen sowie der Fähigkeit zur Selbsterneuerung („Dynamic Capabilities")

beitragen können: „Kontext-Design", „Resonante Kommunikation" und „Orientierungskompetenz" (vgl. Abb. 2.4).[17]

I. **Kontext-Design**
    Ziel des Kontext-Designs sollte es sein, Rahmenbedingungen zu schaffen, die das gewünschte Verhalten von Menschen ermöglichen und fördern. Zu den mit Blick auf die Entfaltung organisationaler Kompetenzen sowie die

---

[17] Die im Folgenden dargelegten Gestaltungsbereiche lassen sich auch in die vier von Pavlou und El Sawy herausgearbeiteten dynamischen Fähigkeiten höchster Ordnung überführen (vgl. Pavlou/El Sawy (2011), Teece (2018) sowie Petzold et al. (2021)). Die Integrationsfähigkeit und Koordinationsfähigkeit von Pavlou und El Sawy stehen in einem engen Zusammenhang zu dem hier konstituierten Gestaltungsbereich „Kontext-Design". Die Wahrnehmungsfähigkeit sowie Lernfähigkeit finden sich in den Gestaltungsbereichen „Resonante Kommunikation" und „Orientierungskompetenz" wieder.

Entwicklung von Dynamic Capabilities besonders wirksamen Rahmenbedingungen zählen: eine effiziente, effektive und lernförderliche[18] Aufbau- und Ablauforganisation[19] (unter besondere Beachtung des zuvor thematisierten Schnittstellen-Designs[20] sowie der Transaktionskosten), die implementierten Anreizsysteme[21] (wie beispielsweise die Ausgestaltung der Belohnungs- und Bestrafungsmacht im Führungskontext[22]) sowie eine gezielte Förderung der Zusammenarbeit von Menschen durch Führungskräfte[23] und Coaches („Facilitation"[24]).

II. **Resonante Kommunikation**

Eine grundlegende Voraussetzung für die Zusammenarbeit und das Lernen in einem Unternehmen ist das Gelingen von Kommunikation. Gemäß den metakommunikativen Axiomen von Paul Watzlawick, Janet H. Beavin und Don D. Jackson hat *„jede Kommunikation [...] einen Inhalts- und einen Beziehungsaspekt, derart, dass letzterer den ersteren bestimmt."*[25] Erfolgreiche zwischenmenschliche Kommunikation zeichnet sich somit v. a. dadurch aus,

---

[18] Zu lernförderlichen Gestaltungsansätzen siehe Senge (2017), Vigenschow (2021) sowie die Ermöglichungsdidaktik von Rolf Arnold (vgl. Arnold (2017) sowie Arnold/Schön (2019)).

[19] Zu möglichen Handlungsoptionen im Sinne eines „Organisationsdesigns" siehe Nadler/Tushman (1997), Nagel (2017), Roehl/Asselmeyer (2017), Marek (2020), Pfiffner (2020) sowie Westermayer (2021); für eine Übersicht beachtenswerter psychologischer und soziologischer Aspekte im Rahmen der Gestaltung von Organisationen siehe Keller (2022), Feldbrügge (2021) sowie Martin (2017); für die Schaffung eines „Ermöglichungsrahmens" i. S. eines „Coworking-Spaces, der didaktische, methodische, materielle und mediale Aspekte so anordnet, dass die Wahrscheinlichkeit für die angestrebten Entwicklungsprozesse auf allen Ebenen möglichst hoch wird", siehe Sauter et al. (2018), S. 165 ff.

[20] Zu hilfreichen methodischen Ansätzen zur Schnittstellenentwicklung siehe Brandstätter (2021), Olavarria/Buschow (2021) sowie Scheller (2021).

[21] Neben den klassischen Ansätzen, wie beispielsweise Zielvereinbarungs- und leistungsorientierten Entlohnungssystemen, wurden in den vergangenen Jahren zahlreiche weitere Ansätze unter Begriffen wie „Hacks" (vgl. Atiker (2020) und Herget (2021)) sowie „Nudging" (vgl. Thaler/Sunstein (2017), Harff /McLachlan (2021), Rauscher/Zielke (2019)) zur Gestaltung und Beeinflussung des Verhaltens von Menschen in Organisationen entwickelt.

[22] Für eine umfassende Betrachtung der Bedeutung von Macht in Organisationen siehe von Ameln/Heintel (2016).

[23] Vgl. Stoi (2022).

[24] Siehe hierzu Scholz/Vesper (2022), Seibel/Rickert (2021), Acker (2020) sowie Zubizarreta/zur Bonsen (2019).

[25] Watzlawick et al. (2017), S. 64; für eine ergänzende Darstellung der metakommunikativen Axiome anhand von Beispielen siehe Watzlawick (2021) sowie Willemsen/von Ameln (2018), S. 63 ff.

dass eine Beziehung zwischen den beteiligten Menschen besteht, die Kommunikation überhaupt erst ermöglicht. Konflikte, eine (innere) Ablehnung des Gegenübers oder ein Desinteresse an dem Inhalt oder den beteiligten Personen können die Möglichkeit eines gegenseitigen Verstehens deutlich erschweren oder sogar vollkommen verhindern. Die Etablierung und Förderung einer gemäß Hartmut Rosa „resonanten" Beziehung[26] sowohl zwischen den Menschen als auch von den Menschen zur Organisation („Organizational Commitment"[27]) und seinen Stakeholdern kann daher als eine essenzielle Aufgabe von Führung gesehen werden. Eine resonante Beziehung zeichnet sich dadurch aus, dass Menschen offen sind, sich auf eine Situation einzulassen und sich innerlich erreichen zu lassen.[28] Sie ist eine wichtige Voraussetzung dafür, dass Führungskräfte Menschen einladen, ermutigen und inspirieren können, sich in ein Veränderungs- bzw. Transformationsvorhaben konstruktiv einzubringen und ihr Potenzial zu entfalten. Dieses erfordert ein Führungsverständnis jenseits des (alleinigen) Gebrauchs disziplinarischer Machtpositionen. Gerald Hüther begründet dies wie folgt: *„Man kann keinen Menschen motivieren, sein kreatives Potenzial zu entfalten, man kann ihn dazu nur einladen, ermutigen, vielleicht auch inspirieren. Die Lust sich einzubringen, mitzudenken und mitzugestalten lässt sich nicht anordnen oder verordnen, nur wecken. Was man aber schneller und nachhaltiger als es einem später lieb ist in einem Unternehmen bewirken kann, ist die Unterdrückung dieser Lust. Das geschieht immer dann, wenn sie frustriert wird – durch einen Mangel an Aufgaben und Verantwortung, durch unzureichende Wertschätzung, durch Verunsicherung, Druck und das Schüren von Angst."*[29] Es ist zu erwarten, dass gerade in einer zunehmend technologisierten Welt der Mensch mit seiner Kreativität sowie Fähigkeit zur Kooperation für Unternehmen überlebenswichtig wird. So kommt Reinhard K. Sprenger zu der Schlussfolgerung: *„Digitalisierung bedeutet in ihrem Kern eben keine Technik-Revolution, gerade nicht die Macht der Maschinen und die Herrschaft der Algorithmen. Sondern Konzentration auf das Wesentliche, was nur Menschen leisten können: die Wiedereinführung des Kunden, die Wiedereinführung der Kooperation, die Wiedereinführung der Kreativität."*[30] Sofern Technik am Markt käuflich

---

[26] Vgl. Rosa (2019), S. 298.

[27] Für eine ausführliche Definition und Diskussion der Bedeutung von Organizational Commitment siehe Felfe (2020), S. 25 ff.

[28] Vgl. Rosa (2020), S. 38 ff. sowie Jantscher/Lauchart-Schmidl (2021), S. 99 ff.

[29] Hüther (2018), S. 403.

[30] Sprenger (2018), S. 30.

ist, können durch diese allein längerfristig kaum Wettbewerbsvorteile generiert werden. Wie erfolgreich ein Unternehmen ist, hängt vielmehr davon ab, welchen Mehrwert Menschen in einem Unternehmen für die Kundinnen und Kunden durch innovative Lösungen kollaborativ und schnell lernend entwickeln und umsetzen können.

III. **Orientierungskompetenz**

Um die Ausprägung und den Entwicklungsbedarf der organisationalen Kompetenzen sowie der Dynamic Capabilities erkennen und bewerten zu können, bedarf es einer angemessenen Orientierungskompetenz.[31] Von einer hinreichenden Orientierungskompetenz kann mit Blick auf die Herausforderungen der Nachhaltigkeit und Digitalisierung im Kontext der Unternehmensführung folglich dann gesprochen werden, wenn (1.) die jeweils entscheidungsrelevanten Personen über ein hinreichendes fachliches Grundverständnis verfügen. Bezogen auf die ökologischen Nachhaltigkeitsaspekte können dies beispielsweise die Kenntnis und das Verständnis der Generierung von bestimmten, entscheidungsrelevanten Schadstoffemissionen im Rahmen von Wertschöpfungsprozessen sein. Die sozialen Nachhaltigkeitsaspekte könnten ein auf den aktuellen ökonomischen, psychologischen und soziologischen Theorien fundiertes Verständnis der Entstehung einer psychischen Gefährdung von Menschen im Unternehmen sowie die Fähigkeit zur Durchführung einer entsprechenden systematischen und faktenbasierten Gefährdungsbeurteilung erfordern. Forschungsergebnisse deuten darauf hin, dass es gerade einer intensiveren Auseinandersetzung mit der psychischen Gesundheit in den Unternehmen bedarf, da diese sogar in größeren Unternehmen ein „Tabuthema"[32] sein kann. Gemäß aktueller Statistiken zur Arbeitsunfähigkeit haben sich vom Jahr 2000 bis zum Jahr 2021 die Fehlzeiten aufgrund von psychischen Beeinträchtigungen und Verhaltensstörungen mehr als verdoppelt.[33] Bezüglich des zur sozialen Nachhaltigkeit zu zählenden Humankapitals sollte zudem bekannt sein, in welchen Teilen der unternehmensweiten Wertschöpfungskette welche Kompetenzen eine Schlüsselrolle einnehmen und wie diese wirksam entwickelt werden können. Aus der Strategie sind die zu erwartenden Veränderungen hinsichtlich des fachlichen Wissens und der Fähigkeiten fundiert abzuleiten und in eine Personalentwicklungskonzeption zu überführen.

---

[31] Arno (2006), S. 263.

[32] Vgl. Roschker (2013) sowie Roschker (2014).

[33] Von 100 % in 2000 auf 220 % in 2021 (vgl. Techniker Krankenkasse (2022), S. 27).

Die Orientierungskompetenz verlangt ergänzend (2.) die Fähigkeit zur Einordnung dieser Detailkenntnisse in einen erweiterten Rahmen. Dieser Rahmen kann sich zum einen aus den fachlich bedingten Wechselwirkungen zwischen den Detailbereichen und damit aus der Notwendigkeit einer interdisziplinären Betrachtung ergeben. So könnte zum Beispiel die Identifikation eines bedeutsamen Qualifikationsbedarfes im Bereich der datenbasierten Lösung betriebswirtschaftlicher Herausforderungen („Business Analytics") erfordern, dass die für die Qualifikation erforderlichen Zusammenhänge u. a. zwischen Unternehmensführung, Personalentwicklung, Mitarbeiterführung und Organisationsentwicklung erkannt und zielgerichtet gestaltet werden. Ausgehend von der Identifikation der zu qualifizierenden Menschen im Unternehmen (Unternehmensführung ⟺ Personalentwicklung), über die Entwicklung von Qualifikationsmaßnahmen (Personalentwicklung ⟺ Mitarbeiterführung) bis hin zur Schaffung von Möglichkeiten zum Training und zur Nutzung von Business Analytics-Fähigkeiten (Unternehmensführung ⟺ Mitarbeiterführung ⟺ Organisationsentwicklung) sind hier die fachlichen Abhängigkeiten im Rahmen der Umsetzung zu berücksichtigen. Zum anderen sind die sich ergebenden Neben- und Fernwirkungen von Entscheidungen und Maßnahmen angemessen in die Steuerungssysteme zu integrieren. So können sich beispielsweise aus den unter finanziellen Gesichtspunkten getroffenen Einsparmaßnahmen im Bereich der Personalentwicklung und der IT (unbeabsichtigte) Nebenwirkungen auf die Motivation der Mitarbeitenden sowie die Fluktuation ergeben. Mögliche Fernwirkungen dieser Einsparmaßnahmen können dann eine unzureichend entwickelte Lernkultur, Defizite in der Mitarbeiterqualifikation, fachlich nicht zu besetzende Stellen sowie ein geringer bzw. ungenügender „digitaler Reifegrad"[34] (z. B. gemessen an einer leistungsfähigen und modernen IT-Architektur[35]) sein.

Orientierungskompetenz zeichnet sich zudem dadurch aus, dass (3.) eine adäquate Bewertung des Systems Unternehmen aus unterschiedlichen Perspektiven vorgenommen werden kann. Orientierungskompetenz impliziert demnach auch eine hinreichende Urteilsfähigkeit der entscheidenden und handelnden Menschen. Heuristiken und insbesondere strategische Leitbilder

---

[34] Eine Übersicht alternativer Ansätze zur Bestimmung des digitalen Reifegrades von Unternehmen bieten Hess/Sciuk (2021) sowie Cronenberg (2020).

[35] Gemäß Nils Urbach und Frederik Ahlemann sollte eine zukunftsfähige, die Transformation von Unternehmen unterstützende IT-Architektur standardisiert, modular, flexibel, ubiquitär (i. S. einer weltweiten Verfügbarkeit), elastisch (i. S. einer Anpassung von Kapazitäten an eine schwankende Nachfrage), kostengünstig und sicher sein (vgl. Urbach/Ahlemann (2016), S. 127 ff.).

können hier einen Orientierungsrahmen bieten und somit zu einer Verbesserung der Orientierungskompetenz beitragen. Ein die Orientierungskompetenz förderndes Leitbild könnte das des „robusten Unternehmens"[36] sein: In Unternehmensbereichen mit hoher Komplexität sind Selbstorganisation fördernde „agile"[37] Strukturen, Prozesse und Anreizsysteme zu schaffen, die den Menschen Freiräume und Anreize für flexibles und eigenverantwortliches Handeln sowie für ein schnelles Lernen bieten.

2.4 Reflexion

Die folgenden Fragen bieten die Möglichkeit, die Fähigkeiten zur Selbsterneuerung kritisch zu hinterfragen:

- Wie können Sie sicherstellen, dass Sie die wesentlichen Veränderungen innerhalb und außerhalb Ihres Unternehmens möglichst frühzeitig erkennen und aus diesen angemessene Schlussfolgerungen ziehen können?
- Wie können die Rahmenbedingungen in Ihrem Unternehmen so verändert werden, dass das Erreichen strategischer Ziele noch besser ermöglicht und deutlich stärker gefördert werden kann?
- Wie können Sie durch Ihre Kommunikation Menschen wirksamer einladen, zum Mitgestalten ermutigen sowie zum Mitdenken und Lernen inspirieren?
- An welchen Leitbildern sollten sich die Menschen in Ihrem Unternehmen orientieren?

---

[36] Siehe Gleißner (2021b) und Gleißner (2022), S. 45 f.

[37] Gemäß dem „The Heart of Agile"-Konzept von Alistair Cockburn, einem Mitbegründer des 2001 aufgestellten „Manifestes für agile Softwareentwicklung" (https://agilemanifesto. org/iso/de/manifesto.html), können „Collaborate", „Deliver", „Reflect" und „Improve" als konstituierende Merkmale eines agilen Handelns gesehen werden (vgl. Cockburn (2016), S. 4 ff. sowie weitere Erläuterungen unter heartofagile.com).

Die „Transformation Scorecard" als vorausschauender Kompass einer wirksamen Transformation

3

Zusammenfassung

Die klassische Balanced Scorecard nach Kaplan und Norton kann durch gezielte Ergänzungen in der Lern- und Entwicklungsperspektive zu einer „Transformation Scorecard" ausgebaut werden. Die transformationsorientierten Kennzahlen der Lern- und Entwicklungsperspektive lassen sich entsprechend dem zugrundeliegenden Dynamic Capabilities-Ansatz nach den drei strategischen Erfolgspotenzialen Orientierungskompetenz, Resonante Kommunikation und Kontext-Design untergliedern. Zur Identifikation von wirksamen Stellhebeln, Frühwarnindikatoren und systemkritischen Beobachtungsgrößen unter Berücksichtigung der wesentlichen Wechsel-, Neben- und Fernwirkungen kann das von Frederic Vester aus seinem Ansatz des „Vernetzten Denkens" abgeleitete „Sensitivitätsmodell" herangezogen werden. Um der mit der Unternehmenstransformation einhergehenden steigenden Ungewissheit gerecht werden zu können, kann im Rahmen der Navigation mit der Transformation Scorecard auf prozessuale Elemente des „Objectives & Key Results"-Ansatzes zurückgegriffen werden.

3.1 Von der Balanced Scorecard zur Transformation Scorecard

Ausgangsbasis für die Entwicklung einer Transformation Scorecard ist die von Robert Samuel Kaplan und David P. Norton entwickelte Konzeption der „Balanced Scorecard" (BSC).[1] Ein Kernanliegen der Balanced Scorecard ist es, die nach wie vor im Rahmen der Unternehmensführung auf finanzielle

---

[1] Vgl. Kaplan/Norton (1997), S. 8 ff. sowie Kajüter (2021), S. 553 f.

© Der/die Autor(en), exklusiv lizenziert an Springer-Verlag GmbH, DE, ein Teil von Springer Nature 2023
T. Grundmann and W. Gleißner, *Transformation Scorecard*,
https://doi.org/10.1007/978-3-662-67000-2_3

Kennzahlen fokussierte Sichtweise zu weiten.[2] Ergänzend zu der finanziellen Perspektive sind gemäß der BSC-Konzeption noch eine Kunden-, eine interne Geschäftsprozess- sowie eine Lern- und Entwicklungsperspektive bei der Umsetzung einer Unternehmensstrategie zu berücksichtigen. Hierzu sind zunächst den strategischen Zielen konkrete (operationale) Messgrößen zuzuordnen. Anschließend sind Maßnahmen abzuleiten, die zur Erreichung der Ziele erforderlich erscheinen. Durch die Festlegung von Messgrößen ist es möglich, den Stand der Zielerreichung – also der Umsetzung der Unternehmensstrategie – zu prüfen und, wenn erforderlich, Korrekturmaßnahmen[3] einzuleiten. Mit Blick auf eine nachhaltige Unternehmenssteuerung wurde die BSC zwischenzeitlich zu einer „Sustainability Balanced Scorecard" (SBSC) weiterentwickelt.[4] Zur Integration von Aspekten der ökologischen, sozialen und ökonomischen Nachhaltigkeit ergeben sich hierbei grundsätzlich drei verschiedene Handlungsoptionen:[5]

I. Die Nachhaltigkeitsaspekte werden in einzelne (partielle Integration) oder in alle vier Standardperspektiven einer BSC integriert (vollständige Integration), indem dort jeweils relevante ökologische, soziale und ökonomische Nachhaltigkeitsindikatoren, Zielwerte und Maßnahmen ergänzt werden.

II. Eine klassische Balanced Scorecard wird um eine oder mehrere zusätzliche Perspektiven erweitert, welche die relevanten Nachhaltigkeitsaspekte zusammenfassen (additive Variante). So kann beispielsweise eine weitere Nachhaltigkeitsperspektive ergänzt werden.

III. Nachhaltigkeitsaspekte der Unternehmensstrategie werden in einer separaten, eigenständigen Nachhaltigkeits-BSC zusammengefasst.

---

[2] So kommen Peter Buchas, Stephen Heidari-Robinson, Suzanne Heywood und Matthias Qian auch zu der Schlussfolgerung: *„Die große Mehrheit der Unternehmen kann ihre Finanzen deutlich präziser analysieren als ihr Humankapital. Das führt dazu, dass sie bei einer Neustrukturierung Abstriche machen müssen – entweder bei der Geschwindigkeit oder bei der konsequenten Durchführung. Der Personalleiter eines britischen Energiekonzerns beschreibt es so: »Wir haben nicht die richtigen Daten über unsere Mitarbeiter, deshalb müssen wir einen primitiven Ansatz wählen: Ich weiß, dass wir die Zahl der Mitarbeiter um eine bestimmte Summe reduzieren müssen, aber ich habe keine Ahnung, an welchen Stellen unser Personalbestand unwirtschaftlich ist«"* (Buchas et al. 2021, S. 50).

[3] Zu bereits mit Blick auf Change Management und Reorganisation weiterentwickelten Balanced Scorecard-Ansätzen siehe Vahs (2019), S. 407 ff. sowie Doppler et al. (2014), S. 344 ff.

[4] Vgl. Schmid (1996), S. 246 ff., Schaltegger/Dyllick (2002), Hansen/Schaltegger (2016), Gleich/Gleißner (2020), S. 54 ff. sowie Mahammadzadeh (2022), S. 252 ff.

[5] Vgl. Hahn et al. (2002), S. 54 ff. sowie Waniczek/Werderits (2006), S. 70 ff.

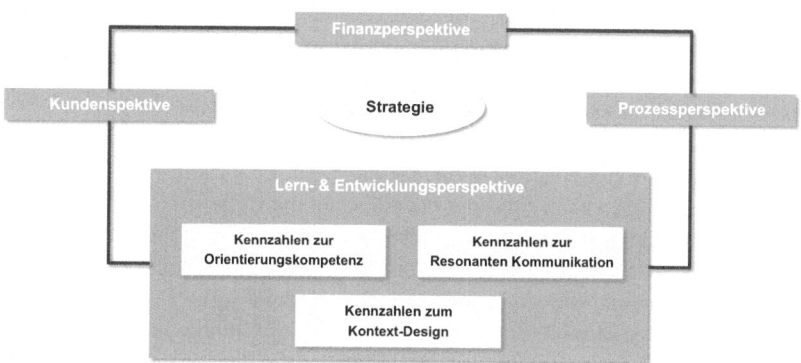

Abb. 3.1 Wesentliche Zusammenhänge zwischen den Perspektiven der Transformation Scorecard

Die Entscheidung für eine der beschriebenen Umsetzungsvarianten ist u. a. von der konkreten Ausprägung und Bedeutung von Nachhaltigkeitsaspekten für die strategischen Ziele des jeweiligen Unternehmens abhängig.[6]

Die Transformation Scorecard erweitert nun die Balanced Scorecard insbesondere durch die Ergänzung transformationsrelevanter Aspekte in der Lern- und Entwicklungsperspektive (vgl. Abb. 3.1).

Zur Identifikation von transformationsrelevanten Beobachtungsbereichen bzw. zur Ergänzung der Kennzahlen der Lern- und Entwicklungsperspektive können die folgenden drei Schlüsselfragen herangezogen werden:

▶ **Orientierungskompetenz** *Welche Entwicklungen innerhalb und außerhalb des Unternehmens sind von besonders hoher Relevanz* (⇒ erfordert (1.) fachliches Grundverständnis sowie (2.) die Fähigkeit zur Einordnung dieser Detailkenntnisse in einen erweiterten Rahmen) *und welche möglichen Entscheidungen sowie Maßnahmen sind hieraus abzuleiten* (⇒ bedingt (3.) eine Bewertung des Systems Unternehmen aus unterschiedlichen Perspektiven)?

▶ **Kontext-Design** *Wie können die Rahmenbedingungen so gestaltet werden, dass die gemäß den getroffenen Entscheidungen und beschlossenen Maßnahmen erforderlichen Verhaltensweisen ermöglicht und gefördert werden?*

---

[6] Vgl. Dyllick/Schaltegger (2001), S. 70.

▶ **Resonante Kommunikation** *Wie kann eine resonante Beziehung zu den Menschen erschaffen sowie aufrechterhalten werden, die es ermöglicht, dass die Menschen kommunikativ erreicht werden sowie ein gegenseitiges Verstehen, Abstimmen und eine wechselseitige (persönliche) Weiterentwicklung gelingen können?*

Die Festlegung von Kenngrößen zur Messung der Entwicklung in diesen drei Gestaltungsbereichen kann entweder mit Blick auf die Ursachen oder im Hinblick auf die Wirkungen erfolgen. Die Betrachtung der Ursachen ist unter Steuerungsgesichtspunkten der Beobachtung von Auswirkungen vorzuziehen. Jedoch dürften die Identifikation und Messung von unternehmensspezifischen Ursachen vermutlich deutlich anspruchsvoller sein als die Analyse von Wirkungen. In einem ersten Schritt bietet es sich daher an, die Beobachtung der Entwicklung in den drei Bereichen Orientierungskompetenz, Kontext-Design sowie Resonante Kommunikation auf die entsprechenden Auswirkungen zu fokussieren. Die Betrachtung von Auswirkungen bietet zudem den Vorteil, dass diese für viele Unternehmen ähnlich sein dürften und daher die im Folgenden erläuterten Beobachtungs- und Messansätze recht gut auf das jeweilige Unternehmen übertragbar sind. Die Entdeckung von Einflussfaktoren im Sinne einer Ursachenanalyse kann dann beispielsweise mittels eines dezentralen „Lean Change Management"-Ansatzes[7] erfolgen, bei dem auf Teamebene in Zeitabständen von vier bis acht Wochen Ursachen bzw. Maßnahmen zur Beeinflussung der wirkungsbezogenen Kennzahlen gemeinsam entdeckt, umgesetzt und validiert werden.

Kennzahlen zur Orientierungskompetenz
Wie gut die Orientierungskompetenz in einem Unternehmen ausgeprägt ist, kann u. a. anhand der folgenden Kenngrößen nachvollzogen werden:

Strategischer Sehtest-Quotient Bei dem von Kurt Nagel konzipierten „Strategischen Sehtest"[8] werden in Form einer Matrix die Ausprägungen der beiden Dimensionen *„Erfordernis für eine Umweltsensibilität"* sowie *„Fähigkeit zu einer »Peripheral Vision«"* (im Sinne einer komplexen Wahrnehmungsfähigkeit) miteinander verglichen (vgl. Abb. 3.2). Zur Beurteilung der erforderlichen Umweltsensibilität sind in den Kategorien

---

[7] Für eine praxisnahe Erläuterung des Lean Change Management-Ansatzes siehe Scheller (2017), S. 278 ff.; einen ergänzenden oder auch alternativen Ansatz zur experimentellen Entdeckung von Gestaltungsoptionen in komplexen Situationen bietet Wippermann (2016), S. 117 ff.
[8] Siehe Nagel (2014), S. 32 ff.

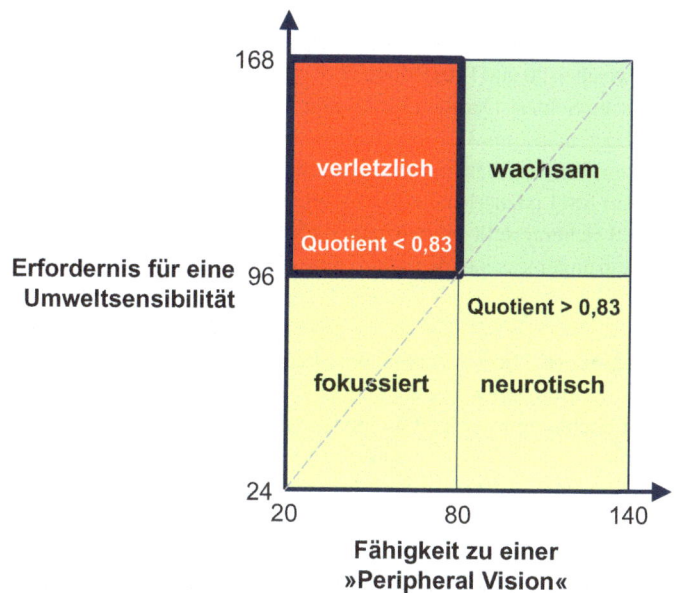

Abb. 3.2 Strategischer Sehtest (in Anlehnung an Nagel 2014, S. 37)

- Strategie,
- Komplexität des Unternehmensumfeldes sowie
- Volatilität des Umfeldes (als Umfang der Risiken)

vorgegebene Kriterien auf einer Skala von 1 bis 7 zu bewerten.

Die Einschätzung der Wahrnehmungsfähigkeit erfolgt ebenfalls durch eine entsprechende Bewertung von Kriterien der Kategorien

- Führungsorientierung,
- Wissensmanagementsysteme,
- Strategieprozess,
- Organisationsstruktur sowie
- Kultur.

Bei insgesamt 24 Kriterien für die Bestimmung der erforderlichen Umweltsensibilität und 20 Kriterien für die Wahrnehmungsfähigkeit liegen die durch Addition

der einzelnen Kriterienwerte zu ermittelnden Gesamtwerte für die beiden Analyse-
dimensionen zwischen 24 und 168 (Erfordernis für eine Umweltsensibilität, kurz:
EUS) bzw. zwischen 20 und 140 (Fähigkeit zu einer »Peripheral Vision«, kurz: FPV).
Der Strategische Sehtest-Quotient (SSQ) ergibt sich dann zu: SSQ = [FPV − 20] /
[EUS − 24]. Da gemäß Abb. 3.2 Werte für den Strategischen Sehtest-Quotienten klei-
ner als 0,83 zum Teil innerhalb des als „verletzlich" einzustufenden Bereiches liegen,
sollten für den SSQ (sicherheitshalber) Werte größer als 0,83 angestrebt werden.
Hierdurch soll sichergestellt werden, dass die strategische Wahrnehmungsfähigkeit
immer in einem angemessenen Verhältnis zur erforderlichen Beobachtungsfähigkeit
steht.

Red Teaming-Score Die Konzeption des „Red Teaming" hat eine lange Tradition.
Bereits im 19. Jahrhundert wurde der Ansatz von der preußischen Armee eingesetzt,
um in einem hochkomplexen und undurchsichtigen Umfeld mögliche Schwächen
und Bedrohungen frühzeitig systematisch zu identifizieren und Gegenmaßnahmen
einleiten zu können.[9] In 2004 hat die US-amerikanische Armee eine Red Teaming
University gegründet, um ergänzend zu den strategischen und taktischen Fähigkeiten
deutlich besser Situationen aus unterschiedlichen (z. B. kulturell und persönlich
geprägten) Sichtweisen und diversen Fachdisziplinen einschätzen zu können. Das
Curriculum der Red Teaming University fokussiert sich daher auf die folgenden
vier Ziele:

- Empathie stärken,
- Selbstwahrnehmung und Selbstreflexion erhöhen,
- Entscheidungen verbessern (u. a. durch Reduktion von Gruppendenken) sowie
- Kritisches Denken anwenden.[10]

Aufgabe und Ziel eines Red Teams ist es, mögliche Angriffsstrategien auf die
eigene Organisation bzw. das eigene Unternehmen zu entwickeln und auszutes-
ten. Der Angriff kann dabei sowohl von anderen Marktteilnehmern als auch aus
widrigen Umständen (wie geopolitisch initiierten Störungen der Lieferkette oder
spekulationsgetriebenen Finanzkrisen) ausgelöst werden. Hierdurch soll die Möglichkeit geschaffen werden, Schwachstellen der Organisation möglichst frühzeitig
zu erkennen und Maßnahmen zur Verringerung der Verletzbarkeit zu ergreifen. Je
nach Relevanz der Orientierungskompetenz für ein Unternehmen kann ein Red Team
übergreifend für das gesamte Unternehmen etabliert werden oder (ergänzend auch

---

[9] Vgl. Borgert (2018), S. 84.
[10] Vgl. Borgert/Lambertz (2019), S. 11 f.

noch) in – beispielsweise von Veränderungen besonders betroffenen – dezentralen Bereichen (wie z. B. Vertrieb, Forschung und Entwicklung sowie IT). Die Teammitglieder sollten möglichst ein breites Spektrum an Persönlichkeitsmerkmalen sowie Fach- und Sozialkompetenzen abdecken.[11] Mit Blick auf die recht hohen Anforderungen an die Teammitglieder sowie die zu bewältigenden Herausforderungen sollten sich zunächst potenzielle Kandidatinnen und Kandidaten für eine Aufnahme in das Red Team bewerben und einen persönlichkeits- sowie kompetenzfokussierten Auswahlprozess durchlaufen. Das Ziel des Red Teams sollte es sein, aktuelle Entwicklungen im Unternehmensumfeld sowie innerhalb des Unternehmens zu identifizieren und – beispielsweise mittels einer Szenarioanalyse[12] – zu bewerten, die für das Unternehmen bzw. den jeweiligen Bereich zu einer substanziellen Bedrohung werden können. Eine Bedrohung kann sich dabei zum Beispiel sowohl in einem Verlust bestehender Ressourcen (i. S. einer Verringerung von immateriellem oder materiellem Vermögen) als auch in einer Nichtnutzung sich ergebender Chancen zeigen. Der Red Teaming-Score kann auf Basis von zwei Bewertungsdimensionen ermittelt werden. Zum einen kann in die inhaltliche Score-Ermittlung die Anzahl der in einem Halbjahr von dem Team in die Führungsgremien eingebrachten Bedrohungsszenarien einfließen (z. B. normiert auf einer Bewertungsskala von 1 bis 7[13]). Zum anderen kann die von der Führung zu bewertende Kritikalität bzw. Relevanz des jeweiligen Szenarios zur Score-Ermittlung herangezogen werden (z. B. ebenfalls normiert auf einer Bewertungsskala von 1 bis 7). Die beiden Teilbewertungen können dann durch eine Multiplikation zu einem Gesamt-Score verdichtet werden.

Orientierung-Score Zur Ermittlung eines Orientierung-Scores können regelmäßig (z. B. quartalsweise) Befragungen auf unterschiedlichen Ebenen zur Einschätzung der Fähigkeit einer frühzeitigen Identifikation wesentlicher Entwicklungen durchgeführt werden. Mögliche Fragen könnten hier beispielsweise lauten: *„Wie gut kenne ich die drei wichtigsten nicht finanziellen Einflussfaktoren* (wie z. B.

---

[11] Zu hilfreichen Eigenschaften und Fähigkeiten eines „Red Teamers" – wie eine hohe Frustrationstoleranz, Empathie, logisches Denken, Skepsis gegenüber einfachen Lösungen und Erklärungen sowie die Fähigkeit, Distanz zu wahren – siehe Borgert/Lambertz (2019), S. 15 ff.

[12] Vgl. zum Einsatz der Szenarioanalyse im Rahmen der strategischen Frühaufklärung Krystek/Müller-Stewens (1993), Romeike/Spitzner (2013), Fink/Siebe (2011), Fink/Siebe (2016) und Durst/Durst (2016), S. 217 ff., Klüfers et al. (2017), S. 53 ff., Maertins (2019) sowie Herger (2019).

[13] Dabei ist jedem Skalenwert eine bestimmte Anzahl an eingebrachten Bedrohungsszenarien zuzuordnen.

Kundenzufriedenheit, Produktqualität und Marketing-Maßnahmen) *im Hinblick auf die Erreichung meiner Ziele* (wie z. B. Umsatzsteigerung)*?" „Wie gut kann ich frühzeitig erkennen, dass die Erreichung meiner Ziele/die Entwicklung meines Bereiches/der Fortbestand des Unternehmens gefährdet ist?" „Wie viele regelmäßig erhobene (quantitative) Frühwarnindikatoren stehen mir zur Beurteilung aktueller Entwicklungen zur Verfügung?"* Die Fragen können beispielsweise wiederum auf Basis einer normierten Bewertungsskala von 1 bis 7 beantwortet und über eine additive Gewichtung zu einem übergreifenden Orientierung-Score zusammengefasst werden.

Kennzahlen zum Kontext-Design
Die Wirkung eines angemessenen Kontext-Designs kann im Hinblick auf eine sachliche und eine soziale Dimension analysiert werden. Gemäß den vorherigen Ausführungen bieten sich insbesondere die Transaktionskosten für eine sachliche Beurteilung des Kontext-Designs an. Mit Blick auf die sozialen Auswirkungen des Kontext-Designs können zum einen die wahrgenommene Führungskompetenz und zum anderen die durch den Kontext geprägte gesundheitliche Situation der Menschen zur Bewertung herangezogen werden.

Transaktionskosten-Score Entsprechend der zu Beginn getroffenen Konkretisierung von Transaktionskosten sind zu den internen Transaktionskosten v. a. die Informations-, Kontroll- und Administrationskosten sowie Kosten für die Weiterentwicklung des Unternehmens zu zählen. Dementsprechend können zur Beurteilung der Transaktionskosten zum Beispiel eine „Meeting-Quote" von Führungskräften sowie von Mitarbeitenden, der Zeitbedarf für die Planung und das Reporting sowie der Anteil freier Arbeitszeit für Reflexion, Lernen und Entscheidungsvorbereitung[14] verwendet werden. Jede dieser Bewertungsdimensionen kann auf einer normierten Skala von 1 bis 7 bewertet und dann über eine additive Gewichtung zu einem Transaktionskosten-Score verdichtet werden. Die Meeting-Quote von Führungskräften und Mitarbeitenden kann dabei unterschiedlich kalibriert werden. So kann für Führungskräfte ein Anteil von Meetings an der Gesamtarbeitszeit von mehr als 60 % zu einem Wert von 7 führen, während dies bei Mitarbeitenden schon bei 30 % der Fall sein kann. Ebenso kann die Zuordnung des Zeitbedarfs für Planung und Reporting (als Anteil an der Gesamtarbeitszeit) zu den Skalenwerten von 1 bis 7 für einzelne Funktionen bzw. Rollen unterschiedlich vorgenommen werden.

---

[14] Vgl. Günther/Gleißner (2021).

Zu beachten ist, dass dann ein hoher Anteil der für Reflexion, Lernen und inhaltlicher Entscheidungsvorbereitung zur Verfügung stehenden Arbeitszeit mit relativ niedrigen Skalenwerten korrespondieren sollte.

Führungskompetenz-Score Ziel des Führungskompetenz-Scores ist es, zum einen festzustellen, wie gut Führungskräfte insbesondere exploratives Lernen ermöglichen und fördern. Zum anderen gilt es, hier die eher soziale Dimension des Kontext-Designs zu beleuchten. Zur Erfassung des von der Führung geschaffenen Lernpotenzials können beispielsweise die Anzahl der in einem Halbjahr durchgeführten Retrospektiven[15], die halbjährliche Anzahl an umgesetzten (Lean) Change Management-Maßnahmen sowie die (durchschnittliche) Delegationsstufe[16] (zur Förderung selbstorganisierten Arbeitens und Problemlösens) dienen. Zur Beurteilung der von den Mitarbeitenden wahrgenommenen Führungsqualität und Beziehungsqualität bietet sich eine regelmäßige und standardisierte Befragung an. Mögliche Fragen könnten hier lauten: *„Wie gut schafft Ihre Führungskraft Rahmenbedingungen, die Sie bei Ihrer Arbeit unterstützen?" „Wie hilfreich und motivierend nehmen Sie den Führungsstil Ihrer Führungskraft wahr?" „Wie sicher sind Sie, dass Ihre Leistung auch angemessen wahrgenommen und anerkannt wird?" „Wie wertschätzend erleben Sie das Verhalten Ihrer Führungskraft?"* Über eine Zuordnung möglichst präziser Antwortoptionen zu Skalenwerten von 1 bis 7 sowie eine Gewichtung der einzelnen Aussagen lässt sich aus den Antworten systematisch der Führungskompetenz-Score ableiten. Selbstverständlich können zur Kompetenzmessung von Führungskräften alternativ oder auch ergänzend noch deutlich anspruchsvollere und breiter aufgestellte Ansätze herangezogen werden.[17]

---

[15] Retrospektiven sind Teamtreffen, in denen systematisch Ideen und Maßnahmen zur Verbesserung der Zusammenarbeit generiert werden. Die Wirksamkeit der Maßnahmen wird regelmäßig – etwa alle ein bis zwei Monate – gemeinsam validiert. Um Teams dauerhaft zur Reflexion und Verbesserung zu motivieren, haben sich in der Praxis zum Teil recht unterhaltsame Formate entwickelt (vgl. Andresen (2017) sowie Derbey/Larsen (2018)). Zu unterscheiden sind Retrospektiven von (Sprint-)Reviews, in denen es v. a. um die Abnahme der erbrachten Arbeitsergebnisse geht.

[16] Delegationsstufen lassen sich auf Basis des sogenannten „Delegation Poker" ermitteln. Beim Delegation Poker können die Teammitglieder gemeinsam mit der Führungskraft je Aufgabe ermitteln und aushandeln, welche Delegationsstufe ((1.) Verkünden, (2.) Verkaufen, (3.) Befragen, (4.) Sich einigen, (5.) Beraten, (6.) Erkundigen, (7.) Delegieren) und damit welcher Führungsstil aus Sicht des Teams und der Führung für eine effektive, effiziente und motivierende Aufgabenumsetzung am besten geeignet ist (vgl. Appelo (2018), S. 59 ff.). Die durchschnittliche Delegationsstufe entspricht dann dem Mittelwert aller mit den Stufen von 1 bis 7 bewerteten Aufgaben.

[17] Eine recht umfassende und praxisnahe Darstellung von Ansätzen zur Messung von Führung bieten Rafaela Kraus und Tanja Kreitenweis (vgl. Kraus/Kreitenweis (2020)). Ebenso

Gesundheitsgefährdungs-Score Ein angemessenes Kontext-Design kann auch daran gemessen werden, wie es sich auf die Gesundheit der Menschen in dem Unternehmen auswirkt. Insbesondere die im Rahmen des betrieblichen Gesundheitsmanagements[18] sowie die vor dem Hintergrund der arbeitsschutzrechtlichen Verpflichtung[19] zur Identifikation psychischer Belastungspotenziale entwickelten Ansätze[20] können zur Konzeptionierung eines Gesundheitsgefährdungs-Scores herangezogen werden. Sollten hierzu in einem Unternehmen noch keine systematischen und umfassenderen Datenerhebungen und Analysen vorgenommen werden, so könnte zunächst bei der Score-Ermittlung ein Fokus auf potenzielle „Stressoren"[21] gelegt werden. Denn *„[...] beinahe jede der verbreiteten Zivilisationskrankheiten wird mit chronischem Stress in Verbindung gebracht [...]. Grundsätzlich kann Arbeitsstress eine neue Erkrankung auslösen, den Verlauf einer bestehenden Erkrankung beschleunigen oder ihre Symptome verstärken [...]."*[22] Ein Gesundheitsgefährdungs-Score könnte dann auf Basis von Befragungsergebnissen zu (1.) qualitativen und quantitativen Über- und Unterforderungen, (2.) Zeitdruck, (3.) Rollenstress (z. B. ausgelöst durch Konflikte zwischen Linien- und Projekttätigkeit oder widersprüchlichen Anforderungen und Anweisungen im Rahmen einer Matrix-Organisation), (4.) Häufigkeit von Arbeitsunterbrechungen und Störungen sowie (5.) sozialen Konflikten erfolgen.[23]

---

kann zur Entwicklung eines unternehmensspezifischen Führungskompetenz-Scores auf die wissenschaftlichen Grundlagen zur Kompetenzmessung zurückgegriffen werden (für einen Überblick hierzu siehe Erpenbeck et al. (2017)).

[18] So basiert der von Thorsten Uhle und Michael Treier im Rahmen des Gesundheitscontrollings (als Teil eines betrieblichen Gesundheitsmanagements (BGM)) entwickelte „Gesundheitsscore" auf dem „Work Ability Index" (www.wainetzwerk.de), der als „ein Frühindikator für Lebens- und Arbeitsqualität, Fehlzeiten, Effizienz und Effektivität von Interventionen im BGM fungieren" kann (Uhle/Treier (2019), S. 370).

[19] *„Nach § 5, Absatz 3, Nr. 6 des Arbeitsschutzgesetzes sind alle Arbeitgeberinnen und Arbeitgeber in der Pflicht, Arbeitsplätze auf potenzielle psychische Gefahren zu untersuchen, unabhängig von ihrer Betriebsgröße und bereits ab dem ersten Mitarbeitenden"* (IHK Region Stuttgart (2022)).

[20] Für eine vergleichende Betrachtung alternativer Methoden zur Ermittlung psychischer Belastung bei der Arbeit siehe Neuner (2021).

[21] Unter Stressoren sind innere und äußere Stressauslöser zu verstehen, die sich gemäß Luise Barthold und Astrid Schütz strukturieren lassen nach (1.) Arbeitsaufgaben und Arbeitsorganisation, (2.) physischen Bedingungen, (3.) sozialen Stressoren und (4.) organisationalen Bedingungen (vgl. Barthold/Schütz 2010, S. 62 ff.). Alle vier stressauslösenden Bereiche sind im Rahmen des Kontext-Designs zu betrachten.

[22] Barthold/Schütz (2010), S. 41.

[23] Vgl. Barthold/Schütz (2010), S. 63.

Kennzahlen zur Resonanten Kommunikation

Zur Beurteilung des Gelingens einer Resonanten Kommunikation kann der Analysefokus zum einen auf die Voraussetzungen für das Entstehen einer Resonanzbeziehung[24] gelenkt werden und zum anderen auf die Wirksamkeit von Kommunikation.[25]

Organizational Commitment-Score Zur Beurteilung der Möglichkeit des Entstehens einer Resonanzbeziehung (entlang der diagonalen und vertikalen Resonanzachse[26]) kann zum Beispiel der offizielle „Organizational Commitment Questionnaire"[27] herangezogen werden. Dieser Fragebogen beinhaltet 15 Aussagen zu möglichen Einstellungen von Menschen gegenüber ihrem Unternehmen:

- Ich bin bereit, mich mehr als nötig zu engagieren, um zum Erfolg des Unternehmens beizutragen. (Polung: +)
- Freunden gegenüber lobe ich dieses Unternehmen als besonders guten Arbeitgeber. (Polung: +)
- Ich fühle mich diesem Unternehmen nur wenig verbunden. (Polung: −)
- Ich würde fast jede Veränderung meiner Tätigkeit akzeptieren, nur um auch weiterhin für dieses Unternehmen arbeiten zu können. (Polung: +)
- Ich bin der Meinung, dass meine Wertvorstellungen und die des Unternehmens sehr ähnlich sind. (Polung: +)
- Ich bin stolz, wenn ich anderen sagen kann, dass ich zu diesem Unternehmen gehöre. (Polung: +)
- Eigentlich könnte ich genauso gut für ein anderes Unternehmen arbeiten, solange die Tätigkeit vergleichbar wäre. (Polung: −)
- Dieses Unternehmen spornt mich zu Höchstleistungen in meiner Tätigkeit an. (Polung: +)
- Schon kleine Veränderungen in meiner gegenwärtigen Situation würden mich zum Verlassen des Unternehmens bewegen. (Polung: −)

---

[24] Gemäß der Resonanz-Konzeption von Hartmut Rosa spannt sich der Resonanzraum durch eine horizontale Resonanzachse zwischen zwei (oder mehr) Menschen, eine diagonale Resonanzachse zur Abbildung der Beziehung zu Dingen und Tätigkeiten sowie eine vertikale Resonanzachse zur Beschreibung der Beziehung zu „Kollektivsingularen", wie die (Unternehmens-)Geschichte, Kunst, Natur und Religion, auf (vgl. Rosa (2019), S. 341 ff., S. 381 ff. sowie S. 435 ff.).

[25] Vgl. Rosa (2019) sowie Hott/Pfleghar (2020), S. 54.

[26] Siehe hierzu die Erläuterungen in Fußnote 24.

[27] Vgl. Maier/Woschée (2012) sowie Maier/Woschée (2014); zu den konzeptionellen Grundlagen des Organizational Commitment Questionnaire siehe Mowday et al. (1979), S. 224 ff.

- Ich bin ausgesprochen froh, dass ich bei meinem Eintritt dieses Unternehmen anderen vorgezogen habe. (Polung: +)
- Ich verspreche mir nicht allzu viel davon, mich langfristig an dieses Unternehmen zu binden. (Polung: −)
- Ich habe oft Schwierigkeiten, mit der Unternehmenspolitik in Bezug auf wichtige Arbeitnehmerfragen übereinzustimmen. (Polung: −)
- Die Zukunft dieses Unternehmens liegt mir sehr am Herzen. (Polung: +)
- Ich halte dieses für das beste aller Unternehmen, die für mich infrage kommen. (Polung: +)
- Meine Entscheidung, für dieses Unternehmen zu arbeiten, war sicher ein Fehler. (Polung: −)

Diesen Aussagen kann jeweils in fünf Abstufungen entweder überhaupt nicht oder voll und ganz zugestimmt werden.[28] Über eine Zuordnung von 1 bis 5 Punkten bei positiver Polung bzw. von 5 bis 1 Punkten für den Fall einer negativen Polung zu den Antwortmöglichkeiten kann dann in einem ersten Schritt durch Addition der Punkte ein Organizational Commitment-Score zur Bestimmung der Verbundenheit der Menschen mit dem Unternehmen kalkuliert werden.[29]

Vertrauens-Score Eine Analyse der horizontalen Resonanzachse[30] kann beispielsweise mittels des von Uwe Cichy, Christian Matul und Michael Rochow entwickelten „Vertrauens-Koeffizienten" erfolgen.[31] Auf einer Skala von 1 (gering) bis 5 (hoch) sind hier die folgenden sieben Fragen zur Haltungsdimension, fünf Fragen zur Fähigkeitendimension sowie eine Frage zur Verhaltensdimension von Vertrauen zu beantworten.

Fragen zur Haltungsdimension[32]

---

[28] Es wird folglich von einer fünfstufigen „Likert-Skala" ausgegangen, bei der mittels einer graduellen Antwortskala die Befragten ihre Einstellung zu dem Unternehmen transparent darlegen (vgl. Likert (1932)).

[29] Zu beachten ist hierbei, dass sechs der 15 Aussagen „revers kodiert" (negativ gepolt) sind. Eine volle Zustimmung zu diesen Aussagen und somit eine Vergabe von 5 Punkten deutet hier auf eine sehr geringe Verbundenheit zum Unternehmen hin. Für die Ermittlung eines gewichteten Organizational Commitment-Score über alle 15 Fragen sind demnach die für diese Aussagen vergebenen Punkte von 6 abzuziehen. Damit werden aus einem Punkt fünf Punkte und aus 5 Punkten ein Punkt.

[30] Siehe hierzu die Erläuterungen in Fußnote 24.

[31] Vgl. Cichy et al. (2011), S. 143 ff.

[32] Vgl. Cichy et al. (2011), S. 147.

- Wie schätzen Sie in Ihrem Unternehmen die Neugierde und Aufmerksamkeit gegenüber anderen Menschen, anderen Situationen ein?
- Wie ausgeprägt sind Ehrlichkeit und Glaubwürdigkeit?
- Wie beurteilen Sie die Fairness?
- Wie erleben Sie die Verlässlichkeit in Ihrem Unternehmen?
- Wie viel Wertschätzung und Respekt gibt es im Umgang mit anderen Menschen, anderen Situationen?
- Wie groß ist die Demut und Bescheidenheit?
- Wie schätzen Sie Loyalität und Treue ein?

Fragen zur Fähigkeitendimension[33]

- Wie beurteilen Sie das für den Erfolg notwendige Fachwissen/Know-how in Ihrem Unternehmen/Ihrer Organisation?
- Wie ausgeprägt sind Mut und Risikobereitschaft?
- Wie beurteilen Sie die Fähigkeit, immer wieder Gesamtzusammenhänge herstellen und vermitteln zu können?
- Wie gut ausgeprägt ist die Fähigkeit, als Brückenbauer und Vermittler zu agieren?
- Wie sehr wird eine gesunde Zuversicht ausgestrahlt?

Fragen zur Verhaltensdimension

- Wenn ich an unseren (Berufs-)Alltag denke: In welchem Ausmaß wird auch das getan, was gesagt wird?

Für jede Dimension sind anschließend die sich aus den Antworten ergebenen Punkte zu addieren. Der Vertrauens-Koeffizient und damit auch der Vertrauens-Score ergeben sich dann aus einer Multiplikation der Punkte für die Verhaltensdimension mit der Summe der Punkte aus der Haltungs- und Fähigkeitendimension. Für eine ergänzende oder auch alternative, sehr kompakte Form der Vertrauensanalyse könnten ebenso die folgenden zwei Fragen herangezogen werden: *„Würden Sie Ihrer Führungskraft folgen, auch wenn Sie nicht disziplinarisch dazu angehalten wären?" „Würden Sie sich bei einer freien Wahl für Ihre aktuelle Führungskraft entscheiden?"* Hier kann dann der jeweilige Anteil der Ja-Stimmen zur indikativen Beurteilung des Vertrauensniveaus herangezogen werden.

---

[33] Vgl. Cichy et al. (2011), S. 148.

Kommunikation-Score Gemäß Fritz B. Simon zeichnet sich eine systemische Sichtweise auf ein Unternehmen insbesondere dadurch aus, dass ein Unternehmen *„[…] als ein Kommunikationssystem begriffen wird. Und die Teilnehmer an dieser Kommunikation […] werden als Beobachter konzeptualisiert, die jeweils sehr unterschiedlich beschreiben, erklären und bewerten können, was sie beobachten oder auch nicht beobachten.* "[34] Kommunikation kann somit als ein zentrales konstituierendes Element von Unternehmen gesehen werden. Nach Niklas Luhmann besteht Kommunikation *„[…] aus Information, Mitteilung und Verstehen.* "[35] Zur Bestimmung eines auf die Wirkung ausgerichteten Kommunikation-Scores bietet es sich an, das Verstehen in den Mittelpunkt der Analysen zu stellen. Die Beurteilung des Verständnisses kann mittels Wissens-, Verständnis- und Anwendungsfragen erfolgen.[36] Die Fragen können sich hierbei entweder auf konkrete Sachverhalte bzw. Anwendungskontexte beziehen oder auf eine allgemeine Einschätzung bezüglich der entsprechenden Fähigkeiten. Mögliche Fragen zur Einschätzung von Fähigkeiten könnten lauten: *„Wie verständlich ist für Sie die Kommunikation von Seiten Ihrer Teammitglieder?* "[37] *„Wie klar und nachvollziehbar sind für Sie die Ziele in Ihrem Arbeitsgebiet?" „Wie gut können Sie sich mit Kolleginnen und Kollegen in anderen Arbeitsgebieten verständigen?"* Der Kommunikation-Score kann durch eine Gewichtung der mit Skalenwerten von 1 bis 7 versehenen Antwortoptionen bestimmt werden.

3.2   Identifikation und Analyse von Wirkungszusammenhängen

Für eine kennzahlenbasierte Analyse und Steuerung der Umsetzung von Strategien mittels der Transformation Scorecard ist jedoch nicht nur eine möglichst

---

[34] Simon (2009), S. 10 f.; auf Basis der soziologischen Systemtheorie von Niklas Luhmann (als Grundlage einer systemischen Wirtschaftstheorie) lässt sich für eine Unternehmung auch die Schlussfolgerung ziehen: *„Sie besteht aus Kommunikationen, sie besteht nur aus Kommunikationen"* (Luhmann (1988), S. 50).

[35] Luhmann (1997), S. 190.

[36] Vgl. Ballstaedt (2019), S. 98 f.

[37] Gemäß Chris Bradley, Martin Hirt und Sven Smit sind rund zwei Drittel der Managerinnen und Manager nicht in der Lage, die eigene Geschäftsstrategie präzise zu erläutern (vgl. Bradley et al. (2020)). Ansgar Thießen und Robert Wreschniok leiten hieraus ein *„Alignment Gap"* als eine *„Kluft zwischen Strategieverständnis innerhalb der Führungsmannschaft und zwischen Führungsteam und Mitarbeitenden"* ab (Thießen/Wreschniok (2022), S. 37).

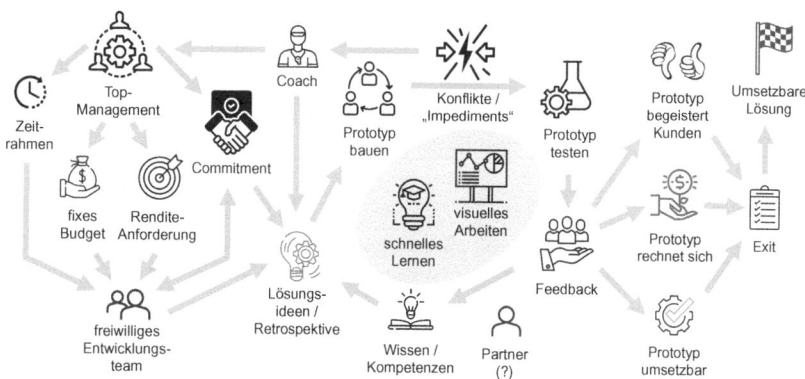

Abb. 3.3 Exemplarische Transformation Journey

objektive Messung der Zielerreichung von ausschlaggebender Bedeutung, sondern auch der Wirkungszusammenhang zwischen den Kennzahlen. Zur Identifikation und indikativen Beurteilung der steuerungsrelevanten Zusammenhänge kann das von Frederic Vester aus seinem Ansatz des „Vernetzten Denkens" abgeleitete „Sensitivitätsmodell"[38] herangezogen werden. Dabei können beispielsweise mittels einer „Transformation Journey"[39] zunächst die (vermuteten) Abhängigkeiten zwischen den wesentlichen Voraussetzungen, Aktivitäten, Wirkungen und Ergebnissen durch Pfeile gekennzeichnet werden (vgl. Abb. 3.3).[40]

Die Elemente der in Abb. 3.3 dargestellten Transformation Journey lassen sich dabei den Perspektiven der Transformation Scorecard wie in Abb. 3.4 dargestellt zuordnen.

Es sei hier explizit darauf hingewiesen, dass die in Abb. 3.4 exemplarisch den Perspektiven einer Transformation Scorecard zugeordneten Elemente der Transformation Journey vermutlich nicht ausreichend sind, um eine Unternehmensstrategie vollständig abzubilden. Bei den Elementen handelt es sich vielmehr

---

[38] Siehe hierzu Vester (2019), S. 185 ff., Sailer (2013), S. 137 ff., Wilms (2006), S. 39 ff. sowie Kivikas/Wulf (2006), S. 47 ff.

[39] Vgl. hierzu das „Outcome-Mapping" bei Haas et al. (2022), S. 164 ff.

[40] Als konzeptionelle Grundlage einer Transformation Journey kann ein sogenanntes „Transformation Canvas" dienen, in dem v. a. das Zukunftsbild, das Mehrwertversprechen (für die Kunden und für das Unternehmen), die wesentlichen Beteiligten (Fachbereiche), die erforderlichen Ressourcen sowie die Entwicklungs- und Lernfelder zu erarbeiten und festzuhalten sind (vgl. Haas et al. (2022), S. 91 ff.).

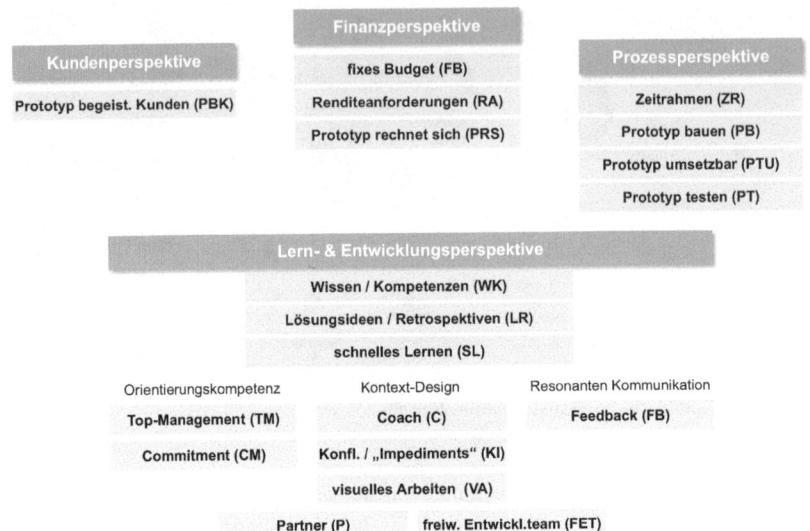

Abb. 3.4 Zuordnung von Elementen der Transformation Journey zu Perspektiven der Transformation Scorecard

um eine mit Blick auf den erforderlichen Transformationsprozess getroffene Auswahl an potenziell relevanten Beobachtungs- und Steuerungssachverhalten.

Basierend auf dieser Visualisierung der Wirkungszusammenhänge kann dann in einem nächsten Schritt eine sogenannte „Einflussmatrix" erarbeitet werden. Hier kann die Stärke des Einflusses eines Elements der Transformation Journey zeilenweise auf die jeweils anderen Elemente mit Werten zwischen 0 (kein Einfluss) und 3 (starker Einfluss) bewertet werden. Anschließend ist je Einflussfaktor zeilenweise die horizontale Summe der Einflusswerte (= „Aktivsumme") und spaltenweise die vertikale Summe der Einflusswerte (= „Passivsumme") zu bestimmen. Aus dem mit 100 multiplizierten Verhältnis von Aktiv- zu Passivsumme lässt sich dann indikativ ableiten, ob die jeweilige Kennzahl im Gesamtzusammenhang (System) eher einen „aktiven Charakter" ($\Rightarrow$ Verhältnis > 100 %) oder einen „passiven Charakter" ($\Rightarrow$ Verhältnis < 100 %) hat. Hochaktive Elemente eignen sich besonders gut als „Stellhebel", sofern diese Elemente von den Menschen im Unternehmen möglichst direkt beeinflusst werden können. Das Produkt aus Aktiv- und Passivsumme lässt demgegenüber Rückschlüsse auf die „Systemrelevanz" der jeweiligen Elemente zu. Die Systemrelevanz gibt an, wie stark die Wechselwirkung von jeweils einer Kennzahl mit allen anderen Kennzahlen ist. Ein relativ hohes Produkt deutet auf eine „kritische" Systemrelevanz hin, während ein relativ kleines Produkt eine „stark puffernde" Wirkung des jeweiligen Elements signalisiert.

Eine auf Basis der Transformation Journey ermittelte Einflussmatrix könnte sich wie in Abb. 3.5 darstellt gestalten.

Zur Abschätzung des Einflusses können den Werten von 0 bis 3 jeweils konkrete Beschreibungen der Auswirkungen zugeordnet werden. Beispielsweise könnte die Wirkung des Elements „Prototyp rechnet sich" (PRS) auf das Element „Renditeanforderung" (RA) wie folgt konkretisiert werden: Wirkung = 0 / 1 / 2 / 3, bedeutet, die Rentabilität des Prototyps leistet (voraussichtlich) keinen nennenswerten Beitrag (0) /einen Beitrag von bis zu 20 % (1) / von bis zu 50 % (2) / von über 80 % (3) zur Erfüllung der unternehmensweiten Renditeanforderung.

Wie der Matrix recht gut zu entnehmen ist, zeichnet sich ein Großteil der Elemente durch eine sowohl recht hohe Aktiv- als auch Passivsumme aus. In der Konsequenz ist die über das Produkt aus der jeweiligen Aktiv- und Passivsumme ermittelte Systemrelevanz vieler Elementen der Transformation Journey als eher „kritisch" einzuschätzen. Dies bedeutet, dass diese Elemente in einer starken wechselseitigen Beziehung zueinander stehen. Für die Elemente einer Transformation Journey ist dies durchaus zu erwarten, da eine Transformation gerade eine umfassende und intensive Interaktion zwischen den Menschen erfordert. Genau hier zeigt sich der Vorteil der gewählten „systemischen" Sichtweise auf den Transformationsprozess. Diese ermöglicht es explizit – wie beispielsweise mittels der Transformation Journey und auf Basis der Einflussmatrix – die Bedeutung der wechselseitigen Abhängigkeiten zu betrachten und diese Interdependenzen in die Gestaltung des Transformationsprozesses mit einzubeziehen. Die große Gefahr einer unangemessenen Reduktion von Komplexität durch die isolierte Betrachtung und Behandlung von Problemen („Symptombekämpfung") kann hierdurch deutlich reduziert oder vielleicht sogar weitestgehend vermieden werden. Die fatalen Konsequenzen einer Vernachlässigung wechselseitiger Abhängigkeiten sowie von Neben- und Fernwirkungen fasst Frederic Vester wie folgt zusammen: „*So steckt man den Kopf in den Sand und glaubt zum Beispiel, am ehesten mit Problemen fertig zu werden, wenn man sie dort bekämpft, wo sie auftreten. In einem komplexen System jedoch führt gerade die Beseitigung eines Problems an Ort und Stelle – statt den Systemzusammenhang zu berücksichtigen – meist dazu, dass man damit gleich wieder zwei neue Probleme schafft.*"[41]

---

[41] Vester (2019), S. 16.

Wirkung auf → / Wirkung von ↓	TM	CM	FB	KI	FET	P	C	VA	PTU	SL	LR	WK	PB	PT	ZR	PBK	FB	RA	PRS	Aktiv-summe	Produkt (Aktiv x Passiv)
TM		3	3	3	3	2	2	1	1	2	1	3	2	2	3	1	3	3	2	**40**	1.280
CM	3		3	3	3	3	3	1	2	2	2	3	3	2	2	2	3	3	3	**46**	1.334
FB	2	2		3	3	1	3	2	3	3	2	3	2	3	3	3	1	2	2	**43**	1.677
KI	2	1	3		3	2	1	1	1	2	2	3	2	2	2	3	2	3	3	**40**	1.840
FET	1	1	2	3		0	1	0	3	3	1	3	2	3	2	3	2	1	2	**36**	1.512
P	3	0	2	2	1		0	3	3	0	3	0	3	0	1	2	3	1	1	**26**	598
C	3	3	3	3	1	0		3	2	3	2	2	3	3	2	2	1	1	0	**38**	1.330
VA	1	0	2	2	0	0	3		3	0	0	1	3	0	1	0	0	0	0	**25**	400
PTU	1	2	0	0	0	0	0	0		0	3	1	0	0	3	0	3	0	1	**12**	492
SL	2	1	3	3	3	1	3	1	3		3	3	2	3	2	2	2	1	2	**41**	1.312
LR	1	1	3	3	2	2	3	1	3	3		3	3	3	2	3	2	2	2	**42**	1.260
WK	3	1	2	3	2	1	2	1	3	3	3		3	2	2	2	2	1	1	**42**	1.554
PB	1	1	3	3	2	1	3	1	2	1	1	2		2	2	3	2	2	3	**31**	1.240
PT	1	1	1	3	3	1	2	1	3	3	2	1	1		1	3	1	1	1	**38**	1.254
ZR	0	3	1	2	3	2	3	1	2	1	1	1	2	2		1	2	1	1	**27**	1.026
PBK	3	2	1	2	3	3	3	0	1	3	1	2	2	2	1		1	1	1	**29**	986
FB	3	3	1	3	2	1	1	1	2	1	1	1	3	1	2	1		2	3	**32**	1.024
RA	1	2	2	3	1	1	1	1	2	1	1	1	2	1	3	2	2		3	**30**	900
PRS	3	2	1	1	2	2	1	0	1	0	0	1	1	1	2	2	2	3		**25**	850
Passivsumme	32	29	39	46	42	23	35	16	41	32	30	37	40	33	38	34	32	30	34		
Quotient (Aktiv / Passiv) x 100	125	159	110	87	86	113	109	156	29	128	140	114	78	115	71	85	100	100	74		

Abb. 3.5 Einflussmatrix der Elemente aus der Transformation Journey

Die auf Basis der Einflussmatrix identifizierten wichtigsten Stellhebel (i. S. eines relativ hohen Verhältnisses von Aktivsumme zu Passivsumme) sind das „Commitment" (CM) des Top-Managements (159), das „visuelle Arbeiten" (VA) (156) sowie „Lösungsideen / Retrospektiven" (LR) (140). Gemäß Abb. 3.4 sind somit alle drei Stellhebel der Lern- und Entwicklungsperspektive zuzuordnen. Die hohe gestalterische Kraft gerade dieser Elemente erscheint vor dem Hintergrund aktueller Forschungsergebnisse durchaus plausibel. So kommt der Selbstverpflichtung im Rahmen von Veränderungsprozessen insbesondere mit Blick auf die Durchhaltemotivation („Volition") eine sehr hohe Bedeutung zu.[42] Visuelles Arbeiten[43] kann insbesondere in komplexen Situationen einen positiven Beitrag zum (gegenseitigen) Verstehen und Lernen leisten.[44] Die Bedeutung des Entdeckens von neuen Lösungsideen sowie die Durchführung von Retrospektiven zur Reflexion von Verhaltensstrategien steht im Einklang mit der gemäß dem Cynefin-Modell in einem komplexen Entscheidungs- und Handlungsumfeld zu wählenden Vorgehensweise aus Ausprobieren, Erkennen und Reagieren.[45]

Die Elemente „Konflikte / Impediments" (KI) (1840), „Feedback" (FB) (1677) sowie „Wissen / Kompetenzen" (WK) (1554) zeichnen sich durch eine besonders kritische Systemrelevanz aus. Auf die hohe Bedeutung von Konflikten deuten u. a. die Forschungsergebnisse aus dem Change Management hin.[46] Die kritische Systemrelevanz von Feedback entspricht der hier getroffenen systemtheoretischen Grundannahme, dass ein Unternehmen *„als ein Kommunikationssystem begriffen*

---

[42] Vgl. hierzu Lippert (2021), S. 189 ff. sowie Strobach/Wendt (2019), S. 53 ff.

[43] Visuelles Arbeiten bedeutet, in den Arbeitsprozessen bewusst und gezielt visuelle Methoden und Instrumente einzusetzen, um ein gemeinsames Verstehen und Arbeiten zu fördern. Als Beispiele für entsprechende Methoden und Instrumente sind zu nennen: Kanban-Boards, Burn Down Charts (zur Visualisierung des Projektfortschritts im agilen Projektmanagement (vgl. Dalton (2019), S. 143 ff.)), diverse „Canvas"-Tools (i. S. einer strukturierten Darstellung wesentlicher Themenfelder), „Journeys" (Visualisierung von einzelnen Schritten/Stationen auf der Reise von beispielsweise Kunden oder im Rahmen von Transformationsprozessen), „User Story Mappings" (Erstellung von Landkarten zur Ausrichtung der Entwicklung von Lösungen an dem Arbeitsfluss der Nutzer (vgl. Patton (2014)) oder auch „Sketching" (handschriftliche Unterstützung von Kommunikation durch visuelle Elemente (vgl. Eppler/Pfister (2017)).

[44] Vgl. Riedrich/Voigt (2011), S. 72 ff., TechSmith (2018), Have (2019) sowie Brüning/Saum (2019).

[45] Vgl. Snowden/Boone (2007), S. 33 ff.

[46] Vgl. Fietze (2017), S. 192 ff., Doppler/Voigt (2018), S. 165 ff. sowie S. 195 ff. und Doppler/Lauterburg (2019), S. 455 ff.

Lern- und Entwicklungsperspektive	Mögliche Kennzahlen
Besonders aktive Elemente („Stellhebel")	
Commitment (CM)	Anzahl gehaltener Sprungbrett-Reden (je Führungskraft), Orientierung-Score
visuelles Arbeiten (VA)	Transaktionskosten-Score
Lösungsideen / Retrospektiven (LR)	Anzahl umgesetzter Verbesserungsmaßnahmen
Besonders systemkritische Elemente (Beobachtung)	
Konflikte / „Impediments" (KI)	Anteil aufgelöster Konflikte / „Impediments", Führungskompetenz-Score
Feedback (FB)	Kommunikation-Score
Wissen / Kompetenzen (WK)	Anteil 100%-Teammitglieder, Anteil Führungszeit für Transformation

Abb. 3.6 Mögliche Kennzahlen zur Messung, Beobachtung und Analyse wesentlicher Elementen der Transformation Journey

wird."[47] Die Schlüsselfunktion von Wissen und Kompetenzen lässt sich aus dem „Resource Based View"[48] des strategischen Managements ableiten.

Abb. 3.6 zeigt exemplarisch auf, anhand welcher Kennzahlen die so identifizierten wesentlichen Elemente der Transformation Journey beobachtet, gemessen und zum Teil gesteuert werden können.

Einer der wesentlichen Ansatzpunkte zur Selbstbindung (Commitment) von Führungskräften kann die Entwicklung und das Vortragen von sogenannten

---

[47] Simon (2009), S. 10 f.

[48] So weisen Hans-Erich Müller und Martin Wrobel darauf hin, dass gemäß dem Resource Based View die Ressourcen eines Unternehmens „*aufgrund ihrer Einzigartigkeit geeignet [...] [sind], einen Wettbewerbsvorteil zu erzielen. Dieses sind Kernkompetenzen bzw. dynamische Fähigkeiten, die wertvoll, selten, schwer zu imitieren und zu ersetzen sowie organisatorisch verankert sind und die den Zugang zu unterschiedlichen Märkten erlauben. Dazu gehören unter anderem das Know-how und [die] Motivation der Mitarbeiter, Patente, Kapital und Beziehungen zu Kunden und Lieferanten, die die Basis für ein überlegenes Produkt- und Dienstleistungsangebot bilden*" (Müller/Wrobel (2021), S. 130). Für eine ganzheitliche, auf die Entwicklung von Wissen und Kompetenzen ausgerichtete Unternehmensführung hat Rolf Arnold die Konzeption eines „*Kompetenten Unternehmens*" entwickelt (vgl. Arnold (2018)).

„Sprungbrett-Reden"[49] sein. Diese zeichnen sich dadurch aus, dass die Menschen im Einklang mit ihrem Wertesystem den positiven Beitrag der Transformation erkennen und (innerlich) erleben können. Die meist von den jeweiligen Führungskräften entwickelte und vorgetragene Rede sollte in einem zeitlichen Rahmen von rund zehn Minuten aufzeigen, woran ein Gelingen des Vorhabens alle gemeinsam erkennen können, auf welche – für möglichst viele Menschen im Unternehmen beobachtbaren – Ziele und Unterstützungsmaßnahmen sich die Führung selbst verpflichtet („committet") und auf Basis welcher unternehmensweit etablierten Werte und Kernkompetenzen die Menschen im Unternehmen einen wichtigen Beitrag leisten können. Die Wahrscheinlichkeit, Menschen durch die Sprungbrett-Rede zum Mitmachen bewegen zu können, hängt insbesondere davon ab, wie verständlich und glaubwürdig die hier abgegebene Selbstverpflichtung der Führungskräfte ist. Es ist zu erwarten, dass durch eine substanzielle und transparente Selbstverpflichtung der Führungskräfte das Bewusstsein für die Relevanz des Transformationsvorhabens deutlich gestärkt und das Vertrauen in die Unterstützung durch die Führungskräfte deutlich gefördert werden kann. Dies kann sich positiv auf die Zuversicht und den Mut der Menschen im Unternehmen auswirken, was wiederum zu einer steigenden Handlungsbereitschaft führt. Anhand der durchschnittlichen Anzahl der in einem Halbjahr gehaltenen Sprungbrett-Reden je Führungskraft kann somit die Erfüllung einer wesentlichen Voraussetzung zur inhaltlichen Ausgestaltung und Kommunikation des Commitments gemessen werden. Zur Analyse der Wirksamkeit des Commitments im Hinblick auf die Etablierung eines gemeinsamen Zielverständnisses kann zudem der zuvor bereits erläuterte Orientierung-Score herangezogen werden. Alternativ oder auch ergänzend könnte die Wirksamkeit der Sprungbrett-Reden auch auf Basis des geschilderten Organizational Commitment- und Vertrauens-Scores gemessen werden.

Wie bereits dargelegt, kann visuelles Arbeiten (als eine Maßnahme im Rahmen des Kontext-Designs) gerade in komplexen Situationen ein gegenseitiges Verstehen und Lernen fördern. Damit kann visuelles Arbeiten insbesondere im Rahmen von besonders komplexen Transformationsvorhaben einen wesentlichen Beitrag zur Verringerung des komplexitätsgetriebenen Transaktionskostenanstiegs

---

[49] Gemäß Anna Dollinger sollte eine Sprungbrett-Rede (1.) deutlich machen, weswegen die Veränderung unumstößlich ist, (2.) Vision, Ziele, Chancen und Nutzen der Veränderung aufzeigen und (3.) den Weg vermitteln, wie der Wandel vollzogen werden kann (vgl. Vorbereitungsunterlagen zum Training „Veränderungskompetenzen ausbauen" von Anna Dollinger als ergänzende Arbeitsunterlage zum Buch „Change-Trainings erfolgreich leiten" (Dollinger (2016)). Für eine ausführlichere Erläuterung des Hintergrunds und Aufbaus von Sprungbrett-Reden sowie für Umsetzungsbeispiele siehe Denning (2001).

bzw. zur Verbesserung des Transaktionskosten-Scores leisten. Wie gut das aktive Element „Lösungsideen / Retrospektiven" genutzt wird, kann anhand der Anzahl der in einem Quartal erfolgreich umgesetzten Verbesserungsmaßnahmen bewertet werden.

3.3 Management Cockpit zur Analyse und Steuerung eines Transformationsvorhabens

Eine der größten Herausforderung einer Unternehmenstransformation stellt die Integration des Transformationsvorhabens in das bisherige Unternehmen dar. Aufgrund der mit der Transformation einhergehenden, andersartigen Arbeitsweisen und persönlichen Weiterentwicklungen (wie beispielsweise der von kollaborativ arbeitenden Teammitgliedern) ist zu erwarten, dass es zu deutlichen Spannungen und Konflikten zwischen den traditionellen und den transformierenden Unternehmensbereichen kommt. Insbesondere an den prozessualen Schnittstellen sind tiefgehende Auseinandersetzungen zu erwarten, da die sich aus dem Transformationsprojekt ergebenden Anforderungen und Erwartungen an die anderen Unternehmensbereiche erwartungsgemäß deutlich über deren bisheriges Leistungsspektrum und Selbstverständnis hinausgehen werden. Eine klare Priorisierung, Führungsstärke und Kompetenzen im konstruktiven Umgang bzw. Lösen von Konflikten (Mediation) können hier für das Gelingen der Transformation von ausschlaggebender Bedeutung sein. Insbesondere sollte bereits zu Beginn der Integration geklärt sein, welche Anforderungen im Konfliktfall eine höhere Bedeutung haben und somit den Anforderungen bzw. Bedürfnissen jeweils anderer Bereiche vorzuziehen sind. Eine in vielen Fällen zielführende Heuristik könnte hier sein, dass immer die Leistungsanforderungen der Bereiche mit der jeweils höheren erforderlichen „Komplexitätsabsorption"[50] den Interessen anderer Bereiche vorzuziehen sind. So kann sichergestellt werden, dass die für einen konstruktiven Umgang mit Ungewissheit und Komplexität erforderliche Anzahl

---

[50] Die erforderliche Komplexitätsabsorption eines Bereiches ist von dem Komplexitätsniveau der Aufgaben des jeweiligen Bereiches abhängig. Durch die bewusste Gestaltung der Aufbau- und Ablauforganisation sowie der Anreizsysteme (i. S. eines Kontext-Designs) kann die Komplexitätsabsorption eines Bereiches bei Bedarf deutlich erhöht werden. Die Steigerung der Komplexitätsabsorption eines Bereiches kann jedoch zu deutlich steigenden Leistungsanforderungen an andere Bereiche (wie beispielsweise an den Personalbereich aufgrund eines stark steigenden Qualifizierungsbedarfes oder an die IT bedingt durch hohe Anforderungen an die Flexibilität von Hard- und Software) führen.

an Handlungsoptionen („Handlungsvarietät") gewahrt bleibt.[51] Der Anteil gelöster Konflikte und beseitigter Behinderungen an den insgesamt (z. B. innerhalb eines halben Jahres) aufgekommenen Konflikten und Behinderungen kann daher sowohl als eine Kenngröße mit einer kritischen Systemrelevanz als auch als ein Frühwarnindikator angesehen werden. Dabei ist davon auszugehen, dass ein relativ geringer Anteil an aufgelösten Konflikten und Behinderungen sich mit einer gewissen zeitlichen Verzögerung in einer kritischen Transformationsentwicklung niederschlägt. Die Fähigkeit zur Auflösung von Konflikten und Behinderungen kann auf Basis des bereits geschilderten Führungskompetenz-Scores beurteilt werden. Zur Beobachtung der Möglichkeit und Wirksamkeit von Feedback kann der ebenfalls schon erläuterte Kommunikation-Score herangezogen werden. Die Möglichkeit und Bereitschaft zum Wissensaufbau und Kompetenzerwerb ist v. a. von den hierfür verfügbaren zeitlichen Ressourcen abhängig. Je höher der Anteil von Teammitgliedern ist, die sich zeitlich voll und ganz auf das Transformationsvorhaben fokussieren können („100%-Teammitglieder"), und je größer der Anteil an Arbeitszeit ist, den die Führungskräfte in die Transformation investieren können, desto wahrscheinlicher ist es, dass ein erforderliches Ausprobieren, Lernen und Reflektieren stattfinden kann.

Die so hergeleiteten Kennzahlen der Transformation Scorecard können dann, wie in Abb. 3.7 dargestellt, entsprechend einem „Management Cockpit" systematisch aufbereitet und visualisiert werden.

Die im Management Cockpit für das dritte Jahr des Transformationsprojektes dargestellte Situation ist insgesamt als recht kritisch einzustufen. Der angestrebte Werterhalt (i. S. eines Wertbeitrags ≥ 0[52], vgl. Abb. 3.7) kann derzeit nicht mehr erreicht werden. Ausschlaggebend hierfür ist sowohl ein Rückgang des Umsatzes als auch eine relative Kostenverschlechterung (Gewinn-Marge fällt von 5,1 % (= 3,8 Mio. EUR / 74,1 Mio. EUR) auf 4,3 % (= 2,7 Mio. EUR / 62,4 Mio. EUR). Der Gewinn sinkt demnach überproportional. Der Return on Capital Employed (ROCE) als das Verhältnis von EBIT[53] zu dem betriebsnotwendigen Vermögen

---

[51] Dieser Schlussfolgerung liegt „Ashby's Law" der Kybernetik zugrunde, welches im Wesentlichen besagt, dass ein „System", wie beispielsweise ein Unternehmen, umso mehr Störungen ausgleichen bzw. Komplexität absorbieren kann, je mehr verschiedene Handlungsmöglichkeiten („Handlungsvarietät") es hat. William Ross Ashby bringt diesen Sachzusammenhang wie folgt auf den Punkt: „[...] nur Vielfalt kann Vielfalt zerstören" (Ashby (2016), S. 299).

[52] Zur Berechnung des Wertbeitrages siehe Gleißner (2022), S. 525.

[53] EBIT: Earnings Before Interest and Taxes (Gewinn vor Zinsen und Steuern).

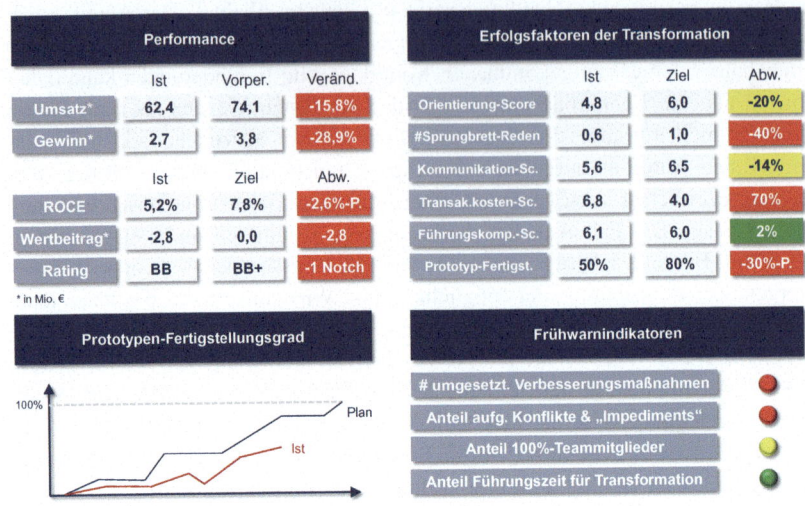

Abb. 3.7 Management Cockpit zur Analyse und Steuerung eines Transformationsvorhabens (#: Anzahl)

(Capital Employed) liegt um 2,6 %-Punkte unter den vom Umfang der eingegangenen Risiken abhängigen Kapitalkosten[54], die eine Mindestanforderung an die zu erwartende Rendite (ROCE) darstellen. Diese Verschlechterung der finanziellen Situation schlägt sich in einem um eine Stufe („Notch") sinkenden Rating[55] und damit in steigenden Insolvenzrisiken[56] nieder. Unmittelbar lässt sich die Planabweichung beim ROCE auf finanzielle Einflussfaktoren zurückführen, wie erhöhte Kosten durch eine zu langsame Fertigstellung von Prototypen (Projektumsetzung) und damit das Verfehlen von „Milestones". Gemäß den dargestellten Erfolgs- und Frühwarnindikatoren kommen als eine (mögliche) Ursache ein zu

---

[54] Zur analytischen Herleitung entsprechender Kapitalkosten siehe Gleißner (2019a) und Gleißner (2022), S. 451 ff.

[55] Zur Bedeutung und Gestaltung der Rating-Entwicklung im Rahmen von Transformationsprozessen siehe Grundmann (2023).

[56] Bis zu einer Ausfallwahrscheinlichkeit von einschließlich 0,10 % ordnet die Deutsche Bundesbank den Bereich der Ratingnoten AAA/AA+/AA/AA-/A+/A/A- von Standard & Poor's zu, bis einschließlich 0,40 % dann den Bereich der Ratingnoten BBB+/BBB/BBB-, bis einschließlich 1,00 % dann die Ratingnote„BB+, bis einschließlich 1,50 % dann die Ratingnote BB und für Ausfallwahrscheinlichkeiten größer als 1,5 % dann den Bereich der Ratingnoten BB-/B+/B/B-/CCC/CC/C/SD/D (vgl. Deutsche Bundesbank (2022)).

geringes Commitment des Top-Managements sowie der weiteren Führungskräfte in Frage. Die Führungskräfte schaffen es innerhalb des letzten Halbjahres im Mittel nicht, jeweils eine Sprungbrett-Rede zu halten (vgl. die Anzahl gehaltener Sprungbrett-Reden („#Sprungbrett-Reden") in Abb. 3.7). Dies ist umso bemerkenswerter, als dass den Führungskräften die als erforderlich erachtete Zeit für die Transformation zur Verfügung steht (vgl. grünen Ampelstatus von „Anteil Führungszeit für Transformation"). Mit Blick auf den deutlich unter Plan liegenden Fertigstellungsgrad des Prototyps sowie die schwache finanzielle Entwicklung ist zu vermuten, dass ein sinkendes Vertrauen der Führung in das Gelingen des Transformationsvorhabens die Bereitschaft zu einem klaren Commitment zunehmend schwinden lässt. Die schleppende Fertigstellung des Prototyps kann auf einen mit 6,8 deutlich zu hohen Transaktionskosten-Score, eine zu geringe Umsetzung von Verbesserungsmaßnahmen (vgl. roten Ampelstatus bezüglich der Anzahl (#) umgesetzter Verbesserungsmaßnahmen) sowie auf eine unzureichende Auflösung von Konflikten und Behinderungen (gemäß dem roten Ampelstatus) zurückzuführen sein. Mögliche Ansatzpunkte zur Gegensteuerung lassen sich insbesondere aus einer tiefgehenderen Analyse des Transaktionskosten-Score, der geringen Umsetzung von Verbesserungsmaßnahmen sowie des deutlich zu geringen Anteils an aufgelösten Konflikten und Behinderungen ableiten. Aus einer übergreifenden Perspektive scheint die Vermutung naheliegend, dass durch ein sinkendes Vertrauen in den Projekterfolg die Verunsicherung zunimmt und diese über eine starke Erhöhung sowohl der Anzahl als auch der Länge von Meetings die Transaktionskosten erheblich ansteigen lässt. In Verbindung mit dem geringen Orientierung-Score kann es dann besonders schwerfallen, Verbesserungsmaßnahmen und Konfliktlösungen zu realisieren. Eine professionelle Reflexion der aktuellen Situation auf Ebene der Führungskräfte, eine Klärung wesentlicher Zusammenhänge sowie eine daraus abgeleitete Festlegung von Prioritäten können ein erster Lösungsansatz sein. Selbstverständlich können in das Management Cockpit ergänzend zu den exemplarisch dargestellten, auf die Transformationsperspektive fokussierten Informationen noch weitere Kennzahlen mit aufgenommen werden. Aus diesen können sich dann ggf. weitere Handlungsoptionen ableiten lassen.

Die hier geschilderten Ansätze zur Beobachtung und Messung von Elementen der Transformation Journey können ein erster Schritt im Rahmen der Entwicklung einer professionellen Transformation Scorecard sowie eines umfassenden Management Cockpits sein. Ziel der hier vorgestellten (vereinfachten) Vorgehensweise ist es, insbesondere für Unternehmen bei der Entwicklung und Implementierung einer eigenen Transformation Scorecard erste praktikable Anhaltspunkte zu liefern. Nach den ersten Erfahrungen kann (und sollte vermutlich auch) eine detailliertere Betrachtung und Analyse der wesentlichen Zusammenhänge erfolgen.

Um der mit der Unternehmenstransformation einhergehenden steigenden Ungewissheit gerecht werden zu können, kann im Rahmen der Navigation mit der Transformation Scorecard auf prozessuale Evaluationselemente des von Andy Grove entwickelten und von John Doerr publizierten „Objectives & Key Results"-Ansatz[57] (OKR) zurückgegriffen werden. Gemäß diesem Ansatz ist rund alle drei Monate die Zielerreichung (i. S. einer Bewertung einzelner „Objectives") anhand der prozentualen Umsetzung der dazugehörigen „Key Results" zu beurteilen. Ergänzend zu der auf objektiven Daten basierenden Bewertung von Objectives ist noch eine Selbstbeurteilung vorzunehmen. Hierbei gilt es, unter Beachtung möglicherweise besonderer Umstände oder einer (situativ) eingeschränkten Aussagekraft der Kennzahlen die erbrachte Leistung aus einer ganzheitlichen Perspektive einzuschätzen.[58] Für die längerfristige Leistungsentwicklung ist die Reflexion als dritter Prozessschritt von besonders hoher Bedeutung. In diesem Schritt sind – entsprechend dem Vorgehen in einer Retrospektive – die wichtigsten Erkenntnisse aus den gesammelten Erfahrungen zusammenzufassen, zu abstrahieren, zu artikulieren und daraus potenzielle Verbesserungsmaßnahmen abzuleiten. Folgende Fragen können gemäß John Doerr zur Reflexion herangezogen werden:

- *„Habe ich alle meine Objectives erreicht? Wenn dem so sein sollte, was hat zu meinem Erfolg beigetragen?*
- *Wenn dem nicht so sein sollte, welchen Hindernissen bin ich begegnet?*
- *Wenn ich ein Ziel, dass ich vollständig erfüllt habe, neu formulieren müsste, was würde ich ändern?*

---

[57] Vgl. Levy (2011), S. 163 ff. sowie Doerr (2018), S. 118 ff.; die historischen Wurzeln des OKR-Ansatzes können in dem von Peter Ferdinand Drucker in dem in den 50er Jahren entwickelten Management by Objectives (MbO) sowie in der in den 60er Jahren konzipierten japanischen „Hoshin Kanri" Managementmethode gesehen werden (vgl. Kudernatsch (2020), S. 17 ff.)

[58] Google verwendet hierbei eine dreigliedrige Skala von 70–100 % (Status: grün – „Wir haben geliefert") über 40–60 % (Status: gelb – „Wir haben Fortschritte gemacht, aber das Ziel nicht erreicht") bis 0–30 % (Status: rot – „Wir sind gescheitert, wirkliche Fortschritte zu machen") (vgl. Doerr (2018), S. 119). Die Selbsteinschätzung kann dazu führen, dass der dem Status (eines Objectives) zugrundeliegende Prozentwert von dem Durchschnitt der prozentualen Erledigung der dazugehörigen Key Results sowohl positiv als auch negativ abweichen kann.

- *Was habe ich gelernt, das meine Herangehensweise an den nächsten OKR-Zyklus ändern würde?"*[59]

Der sich so ergebene OKR-Zyklus sowie der bereits zuvor geschilderte Lean Change Management-Ansatz unterstützen folglich die gemäß dem Cynefin-Modell in einem komplexen Entscheidungs- und Handlungsumfeld zu wählende Vorgehensweise aus Ausprobieren, Erkennen und Reagieren.[60] Mit Blick auf einfache und komplizierte Entscheidungssituationen, die sich durch eine gute Analysierbarkeit kausaler Zusammenhänge auszeichnen, sind demgegenüber vorausschauend relevante Risikofaktoren zu identifizieren, die zu Planabweichungen führen können. Die Verantwortlichen für die betreffenden Kennzahlen (der Transformation Scorecard) sollten diese Risiken analysieren und (soweit möglich) rechtzeitig Bewältigungsmaßnahmen initiieren. So wird die Transformation Scorecard auch zu einem Instrument des Risikomanagements. Der Lernerfolg und Erkenntnisgewinn können dabei von Zyklus zu Zyklus durch eine systematische Analyse der gewonnenen Daten mittels statistischer Verfahren – wie beispielsweise der Regressionsanalyse oder der Diskriminanzanalyse – deutlich objektiviert und gesteigert werden. Damit können wesentliche Grundlagen für ein „Evidence-Based Management"[61] (i. S. einer fachlich fundierten Lösung betriebswirtschaftlicher Probleme im gesamten Managementzyklus von Planung, Steuerung und Kontrolle durch die Auswertung von Daten mittels Algorithmen) geschaffen werden. In der Wissenschaft hat sich für ein solches Vorgehen der Begriff „Business Analytics" etabliert.[62]

---

[59] Doerr (2018), S. 122.

[60] Vgl. Snowden/Boone (2007), S. 33 ff.

[61] Vgl. Barends/Rousseau (2018) sowie Mikisek (2015); Jonas Rashedi entwickelt den Ansatz eines evidenzbasierten Managements mit seiner Konzeption einer „data-driven Organization" zu einem unternehmensweiten Gestaltungsrahmen weiter (vgl. Rashedi (2022)).

[62] Vgl. Seiter (2019), S. 2 sowie Chamoni/Gluchowski (2017); für einen einfachen und praxisnahen Einstieg in die Themenfelder Business Analytics und Data Science siehe Gutman/Goldmeier (2022), Kaufmann/Tan (2021), Ng/Soo (2018), Provost/Fawcett (2017), Foreman (2013) sowie speziell für Führungskräfte Kampakis (2020); zu den Grenzen des Business Analytics siehe Buytendijk (2010) und Zimmer (2019).

3.4   Vorteile einer Transformation Scorecard

Zusammenfassend bietet die Transformation Scorecard mit Blick auf die Herausforderungen im Rahmen des Entdeckens und Schließens einer strategischen Lücke folgende Vorteile:

Fundierung des Führungsanspruchs sowie Förderung der Legitimation von Führung Die Gestaltungsbereiche des Kontext-Designs sowie der Resonanten Kommunikation bieten der Unternehmensführung die Möglichkeit, ihre Führungskompetenz und damit auch das Fundament ihres Führungsanspruchs über die Erfahrungen und das fachliche Wissen hinaus deutlich zu erweitern. Die von Seiten der Führung möglicherweise wahrgenommene Bedrohung ihrer Führungsposition durch eine Unternehmenstransformation zur Schließung der strategischen Lücke kann hierdurch abgeschwächt werden.

Verlagerung der Kontrollmöglichkeiten vom Ergebnis zum Prozess Der Ausbau der Orientierungskompetenz sowie der ein schnelles und fundiertes Lernen fördernde Evaluationsprozess (wie z. B. gemäß dem OKR-Zyklus) können die Bereitschaft zur Verantwortungsübernahme trotz hoher Ungewissheit („Strategie als Paradoxie"[63]) erhöhen. Die Bereitschaft, über bestehende Risiken nachzudenken und diese möglichst zu bewältigen, wird gefördert. Die Verbesserung der Orientierungskompetenz kann dabei das Ausmaß der durch Nichtwissen ausgelösten Ungewissheit deutlich reduzieren, da gemäß der von Andreas Zeuch konzipierten „Landkarte des Nichtwissens"[64] sowohl das „bekannte Nichtwissen" (i. S. bewusster Wissenslücken) als auch das „unbekannte Nichtwissen" mit steigender Orientierungskompetenz abnehmen. Zudem kann die auf „Irrtümern" (i. S. eines irrtümlichen Glaubens zu wissen/zu können) sowie „Tabus" (i. S. eines bewusst erzeugten Nichtwissens durch kulturell bedingte Denkverbote) zurückzuführende

---

[63] Nagel (2014), S. 1; der gemäß dem Strategie-Paradoxon zu beachtende innere Widerspruch besteht darin, dass Führungskräfte auf der einen Seite Verantwortung für die zukünftige Unternehmensentwicklung übernehmen müssen und gleichzeitig auf der anderen Seite die Vorhersagbarkeit und Kontrollierbarkeit der Entwicklung durch die Führung immer geringer wird. Reinhard K. Sprenger sieht in diesem zunehmenden Kontrollverlust auch das Paradox der „schuldlosen Verschuldung" von Führungskräften: Auch wenn sie alles in ihrer Macht Stehende unternommen haben, um bestmöglich Entscheidungen zu treffen und wirksam zu handeln, müssen Führende bereit sein, für ein (mögliches) Scheitern die Verantwortung zu übernehmen und sich in diesem Sinne (im Nachhinein) schuldig zu machen (vgl. Sprenger (2020), S. 95).
[64] Zeuch (2011), S. 13.

Ungewissheit mittels der alle drei Monate systematisch durchzuführenden Evaluation von Wirkungszusammenhängen verringert werden. Schließlich unterstützt die Visualisierung von kausalen Abhängigkeiten entsprechend dem „Sensitivitätsmodell"[65] von Frederic Vester das Entdecken und den Austausch von bisher „unbekanntem Wissen" (wie von personengebundenem (implizitem) Wissen als Teil des Erfahrungswissens).

Beurteilung von Entscheidungen mit Blick auf die langfristigen Auswirkungen Sowohl das der Systemtheorie entsprechende „vernetzte Denken"[66] als auch die explizite Betrachtung der Anpassungsfähigkeiten des Unternehmens gemäß dem Dynamic Capabilities-Ansatz ermöglichen es, die Auswirkungen von (strategischen) Entscheidungen aus einer übergreifenden und langfristig ausgerichteten Perspektive zu beurteilen. Die Gefahr einer lediglich kurzfristigen Symptombekämpfung – wie beispielsweise Kosteneinsparmaßnahmen im Personal- und IT-Bereich zur Stabilisierung der Gewinnentwicklung – kann zudem durch die Messung des finanziellen Erfolges auf Basis der nachhaltigen Entwicklung des Unternehmenswertes gemindert werden. Ein großer Vorteil der Transformation Scorecard ist zudem, dass ggf. bereits etablierte strategische Steuerungssysteme (wie eine Balanced Scorecard oder der OKR-Ansatz) genutzt und gezielt weiterentwickelt werden können.

Förderung einer Vertrauens- und Kooperationskultur zur erfolgreichen Bewältigung von Transformationsprozessen Die vorgestellten (möglichen) Kennzahlen des Kontext-Designs, der Resonanten Kommunikation sowie Verfahren zur Beurteilung des Human- und Sozialkapitals können es erleichtern, das für eine Transformation erforderliche Vertrauen sowie die Kooperationsbereitschaft möglichst objektiv einschätzen zu können. Mittels des skizzierten Lean Change Management-Ansatzes können dann auf der Teamebene gemeinsam Maßnahmen entdeckt und gezielt ausprobiert werden, um eine Resonante Kommunikation zu ermöglichen und das Human- sowie Sozialkapital zu erhöhen. Die Bereitschaft und Fähigkeit zu einem gegenseitigen Verstehen kann die Möglichkeitsräume zur Lösung von transformationsgetriebenen (Ziel-)Konflikten deutlich erweitern. Hierdurch können auch die Mitarbeiterbindung sowie die Möglichkeiten zur Gewinnung neuer Potenzialträgerinnen und Potenzialträger positiv beeinflusst werden.

---

[65] Siehe hierzu Vester (2019), S. 185 ff., Sailer (2013), S. 137 ff., Wilms (2006), S. 39 ff. sowie Kivikas/Wulf (2006), S. 47 ff.
[66] Siehe hierzu Hofmann-Schneller (2001), S. 508 ff.

3.5　Reflexion

Nachstehende Fragen beleuchten wesentliche Aspekte der Steuerung eines Transformationsvorhabens:

- Wie sicher sind Sie, dass Sie die tatsächlichen Einflussfaktoren auf Ihren (Unternehmens-)Erfolg kennen?
- Anhand welcher Kennzahlen können Sie die Umsetzung Ihrer Unternehmensstrategie sowie die Wirksamkeit von Maßnahmen beobachten und steuern? Welche Risiken (Chancen und Gefahren) können bei diesen Kennzahlen zu Planabweichungen führen?
- Wie können Sie im Hinblick auf die Erreichung Ihrer Ziele besser werden?
- Wie können Sie schneller lernen?
- Wie frühzeitig können Sie mögliche Fehlentwicklungen und einen daraus resultierenden Handlungsbedarf erkennen?

Fünfzehn wesentliche Maßnahmen auf dem Weg zur digitalen und nachhaltigen Transformation

Zum Abschluss haben wir die aus unserer Erfahrung relevantesten, wirksamsten und effizientesten Maßnahmen für einen gelingenden Transformationsprozess zusammengestellt:

Maßnahmen zur Förderung der grundlegenden Veränderungsfähigkeit („Dynamic Capabilities")

1. Etablierung eines interdisziplinären Red Teams auf Ebene des Top-Managements zur Verbesserung der Orientierungskompetenz in der Unternehmensführung.
2. Klare und für alle Stakeholder nachvollziehbare (möglichst objektiv messbare) Selbstverpflichtung der Unternehmensführung sowohl auf die finanziellen als auch auf die inhaltlichen (nicht finanziellen) Ziele der Transformation.
3. Training und Validierung der kommunikativen Kompetenzen von Führungskräften im Hinblick auf die Schaffung einer erforderlichen (resonanten) zwischenmenschlichen Beziehung sowie mit Blick auf die Verständlichkeit und Wirksamkeit der Kommunikation (i. S. des Erreichens einer beabsichtigten Reaktion) – beispielsweise auf Basis von zu erstellenden und vorzutragenden Sprungbrett-Reden.
4. Etablierung eines Lean Change Management-Prozesses in den von der Transformation wesentlich betroffenen Unternehmensbereichen zur systematischen Identifikation von hinderlichen Rahmenbedingungen sowie zum Ausprobieren möglicher Lösungsansätze. Auf dezentraler Ebene nicht lösbare Behinderungen sind an die Führungskräfte zu adressieren.
5. Verpflichtung der Führungskräfte auf das zeitnahe Beseitigen von Behinderungen und Lösen von Konflikten („Servant Leadership"), die auf Teamebene bzw. innerhalb einer Organisationseinheit nicht aufgelöst werden können.

T. Grundmann and W. Gleißner, *Transformation Scorecard*, https://doi.org/10.1007/978-3-662-67000-2_4

6. Betrachtung der mit jeder Veränderung des Unternehmens und seines Umfelds einhergehenden Chancen und Gefahren (Risiken) sowie der daraus resultierenden strategischen Handlungsoptionen (entsprechend dem Leitbild eines „Robusten Unternehmens").

Maßnahmen im Rahmen einer digitalen Transformation

1. Etablierung einer angemessenen IT-Architektur zur Gewährleistung einer „Digital Readiness". Je nach Umfang und Ausgestaltung der erforderlichen Digitalisierung sollte eine zukunftsfähige IT-Architektur möglichst (insbesondere hinsichtlich der Schnittstellen – Application Programming Interface, kurz: „API") modern, standardisiert, modular, flexibel, ubiquitär (i. S. einer standortübergreifenden Verfügbarkeit), elastisch (i. S. einer Anpassung von Kapazitäten an eine schwankende Nachfrage), kostengünstig und sicher sein.[1]

2. Entwicklung und Umsetzung eines Rahmenwerkes für das systematische Erfassen, Ordnen, Speichern und Bereitstellen von analyse- und steuerungsrelevanten Daten. Dabei sollten insbesondere Verantwortlichkeiten und Prozesse zur Gewährleistung einer angemessenen Datenqualität etabliert werden. Eine hohe Datenqualität zeichnet sich durch die folgenden elf Merkmale aus: (1.) Vollständigkeit, (2.) Eindeutigkeit, (3.) Korrektheit, (4.) Aktualität, (5.) Genauigkeit, (6.) Konsistenz, (7.) Redundanzfreiheit, (8.) Relevanz, (9.) Einheitlichkeit, (10.) Zuverlässigkeit (i. S. Nachvollziehbarkeit und Verfügbarkeit), (11.) Verständlichkeit.

3. Schulung erforderlichen Fachwissens (z. B. im Hinblick auf das grundlegende Verständnis neuer Technologien sowie deren Anwendungsmöglichkeiten in der Unternehmenspraxis; Beispiele: „Robotic Process Automation" (RPA), „Cloud Computing", „Digital Ecosystems", „Artificial Intelligence" (AI)) und Training erforderlicher Kompetenzen (wie beispielsweise die Anwendung statistischer Methoden zur betriebswirtschaftlichen Nutzung von Daten i. S. des „Business Analytics").

4. Etablierung eines qualifizierten Prozessmanagements zur Automatisierung standardisierbarer und häufig durchzuführender Prozess-Schritte.

Maßnahmen im Kontext einer nachhaltigen Transformation

1. Aufbau einer „Sustainability Compliance" zur Sicherstellung der Einhaltung insbesondere ökologischer sowie sozialer Standards und Vorschriften sowie zur

---

[1] Vgl. Urbach/Ahlemann (2016), S. 127 ff.

Gewährleistung des Fortbestandes des Unternehmens (i. S. einer ökonomischen Nachhaltigkeit; Stichwort: „Enkelfähigkeit"[2]).

2. Etablierung eines Systems für die Ableitung nachvollziehbarer und möglichst willkürfreier Entscheidungen über Maßnahmen zur Verbesserung der Nachhaltigkeit (beispielsweise durch Nutzung des Unternehmenswertes als eine entscheidungsrelevante Kennzahl, welche die Auswirkungen von Handlungsoptionen auf das Ertrag-Risiko-Profil eines Unternehmens systematisch abbilden kann).

3. Identifikation und regelmäßige (u. a. datengetriebene) Validierung ökologischer und sozialer Nachhaltigkeitsfaktoren im Hinblick auf das immaterielle Vermögen des Unternehmens („Wissensbilanz"), die Kundenbindung sowie die Kauf- und Zahlungsbereitschaft der Kunden (beispielsweise mittels eines A/B-Testings).

4. Integration nachhaltigkeitsinduzierter Risikofaktoren (wie beispielsweise Preissteigerungen und -schwankungen von Emissionsrechten und Energie sowie Angebotsrationierungen von schwer substituierbaren Rohstoffen) in die unternehmensübergreifenden Analyse- und Steuerungssysteme.

5. Sicherung der finanziellen Nachhaltigkeit und Robustheit der Unternehmensstrategie, die jeweils durch Maßnahmen zur Verbesserung von ESG-Kriterien oder ESG-Scores nicht gefährdet werden sollten.

Wir hoffen, dass unter diesen Maßnahmen auch der eine oder andere hilfreiche Handlungsimpuls für Sie dabei ist. Wir wünschen Ihnen eine gelingende Transformation.

Thilo Grundmann & Werner Gleißner

---

[2] Gemäß der philosophischen Definition von Anders Indset verfolgt eine auf die Enkelfähigkeit ausgerichtete Unternehmensführung primär das Ziel, „*möglichst lange mitzuspielen (Unendlichkeit → Enkelfähigkeit). [...] Entsprechend ist ein wesentlicher Aspekt von Enkelfähigkeit das Verständnis von Endlichkeit und Unendlichkeit in den Dimensionen Unternehmertum, Führung (Leadership), Ressourcenverbrauch, Stakeholder-Management und Technologie*" (Indset (2021)).

Literatur

Acker, Marsha (2020): The Art Science of Facilitation – How to Lead Effective Collaboration with Agile Teams, Houston/New York

Alwert, Kay/Bornemann, Manfred/Will, Markus/Wuscher, Sven (2013): Wissensbilanz – Made in Germany, Leitfaden 2.0 zur Erstellung einer Wissensbilanz, Bundesministerium für Wirtschaft und Technologie (BMWi), Berlin

Andresen, Judith (2017): Retrospektiven in agilen Projekten – Ablauf, Regeln & Methodenbausteine, München

Appelo, Jurgen (2018): Managing for Happiness – Übungen, Werkzeuge und Praktiken, um jedes Team zu motivieren, München

Arno, Rolf (2006): Orientierungskompetenz – Wege, Hindernisse, Potenziale, in: Schreyögg, Georg/Conrad, Peter (Hrsg.): Management von Kompetenz, Wiesbaden

Arnold, Rolf (2017): Ermöglichungsdidaktik – Kriterien einer intransitiven Kompetenzförderung, in: Erpenbeck, John/Sauter, Werner (Hrsg.): Handbuch Kompetenzentwicklung im Netz. Bausteine einer neuen Bildungswelt, Stuttgart

Arnold, Rolf (2018): Das kompetente Unternehmen – Pädagogische Professionalisierung als Unternehmensstrategie, Wiesbaden

Arnold, Rolf/Schön, Michael (2019): Ermöglichungsdidaktik – Ein Lernbuch, Bern

Ashby, William Ross (2016): Einführung in die Kybernetik, Frankfurt am Main

Atiker, Ömer (2020): Smarte Transformation Hacks – 141 kluge Ideen für besseres Arbeiten und erfolgreiche Unternehmen, Freiburg/München/Stuttgart

Backhaus, Klaus/Erichson, Bernd/Weiber, Rolf (2015): Fortgeschrittene Multivariate Analysemethoden – Eine anwendungsorientierte Einführung, Berlin/Heidelberg

Backhaus, Klaus/Erichson, Bernd/Gensler, Sonja/Weiber, Rolf/Weiber, Thomas (2021): Multivariate Analysemethoden – Eine anwendungsorientierte Einführung, Wiesbaden

Badura, Bernhard/Greiner, Wolfgang/Rixgens, Petra/Ueberle, Max/Behr, Martina (2013): Sozialkapital – Grundlagen von Gesundheit und Unternehmenserfolg, Berlin/Heidelberg

Ballstaedt, Steffen-Peter (2019): Sprachliche Kommunikation – Verstehen und Verständlichkeit, Tübingen

Barends, Eric/Rousseau, Denise M. (2018): Evidence-Based Management – How to use evidence to make better organizational decisions, London/New York

Barthold, Luise/Schütz, Astrid (2010): Stress im Arbeitskontext – Ursachen, Bewältigung und Prävention, Weinheim

© Der/die Herausgeber bzw. der/die Autor(en), exklusiv lizenziert an Springer-Verlag GmbH, DE, ein Teil von Springer Nature 2023
T. Grundmann and W. Gleißner, *Transformation Scorecard*,
https://doi.org/10.1007/978-3-662-67000-2

Becker, Garry Stanley (1993): Human Capital – A Theoretical and Empirical Analysis, with Special Reference to Education, Chicago/London

Bleymüller, Josef/Weißbach, Rafael/Dörre, Achim (2020): Statistik für Wirtschaftswissenschaftler, München

Bone-Winkler, Marela (1997): Politische Prozesse in der Strategischen Unternehmensplanung, Wiesbaden

Borgert, Stephanie (2018): Red Teaming – Stresstest für Ideen, in: managerSeminare, Heft 243, Juni 2018, S. 84–87

Borgert, Stephanie/Lambertz, Mark (2019): 30 Minuten – Besser entscheiden mit Red Teaming, Offenbach

Bornemann, Manfred/Reinhardt, Rüdiger (2017): Handbuch Wissensbilanz – Umsetzung und Fallstudien, Berlin

Bradley, Chris/Hirt, Martin/Smit, Sven (2020): Strategy beyond the hockey stick – People, probabilities, and big moves to beat the odds, Hoboken

Brandstätter, Manfred (2021): Das Handbuch für agiles Prozessmanagement – Mit Scribble Prozesse und Organisationen zukunftsfähig gestalten, München

Brüning, Ludger/Saum, Tobias (2019): Erfolgreich unterrichten durch Visualisieren – Die Kraft von Concept Maps & Co – Grafisches Strukturieren mit Strategien des Kooperativen Lernens, Essen

Brunner, Marlies (2020): CSR – Nichtfinanzielle Berichterstattung, in: WISU, Heft 10/2020, S. 1023–1028

Buchas, Peter/Heidari-Robinson, Stephen/Heywood, Suzanne/Qian, Matthias (2021): Besser Sanieren in der Krise, in: Harvard Business manager, Februar 2021, S. 49–51

Buytendijk, Frank (2010): Dealing with Dilemmas – Where Business Analytics Fall Short, Hoboken

Câmara, Paulo (2022): The Systemic Interaction Between Corporate Governance and ESG, in: Câmara, Paulo/Morais, Filipe (Hrsg.): The Palgrave Handbook of ESG and Corporate Governance, Cham

Chamoni, Peter/Gluchowski, Peter (2017): Business Analytics – State of the Art, in: Controlling & Management Review 4 | 2017, S. 8–17

Chandler, Alfred DuPont (1962): Strategy and Structure – Chapters in the History of the American Industrial Enterprise, Cambridge

Cichy, Uwe/Matul, Christian/Rochow, Michael (2011): Vertrauen gewinnt – Die bessere Art, in Unternehmen zu führen, Stuttgart

Cockburn, Alistair (2016): The Heart of Agile, in: CrossTalk, November/Dezember 2016, S. 4–6

Cova, Bernhard/Cova, Véronique (2002): Tribal Marketing – The tribalisation of society and its impact on the conduct of marketing, in: European Journal of Marketing, Juni 2002, S. 595–620

Cronenberg, Birgit (2020): Organisationen digital und resilient transformieren – Ein Kompass zur ganzheitlichen Organisationsentwicklung, Wiesbaden

Dalton, Jeff (2019): Great Big Agile – An OS for Agile Leaders, New York

Denning, Stephen (2001): The Springboard – How Storytelling Ignites Action in Knowledge-Era Organizations, New York

Derbey, Esther/Larsen, Diana (2018): Agile Retrospektiven – Übungen und Praktiken, die die Motivation und Produktivität von Teams deutlich steigern, München

Deutsche Bundesbank (2022): Bonitätsanalyse der Deutschen Bundesbank, Faltblatt, Online: https://www.bundesbank.de/de/aufgaben/geldpolitik/notenbankfaehige-sicherhei ten/bonitaetsanalyse/bonitaetsanalyseverfahren-der-bundesbank-602038 (abgerufen am 30.07.2022)

Döbeli Honegger, Beat (2017): Mehr als 0 und 1 – Schule in einer digitalisierten Welt, Bern

Dörner, Dietrich (2003): Die Logik des Misslingens – Strategisches Denken in komplexen Situationen, Hamburg

Doerr, John (2018): OKR – Objectives & Key Results – Wie Sie Ziele, auf die es wirklich ankommt, entwickeln, messen und umsetzen, München

Dollinger, Anna (2016): Change-Trainings erfolgreich leiten – Der Seminarfahrplan, Bonn

Doppler, Klaus/Fuhrmann, Hellmuth/Lebbe-Waschke, Birgitt/Voigt, Bert (2014): Unternehmenswandel gegen Widerstände – Change Management mit den Menschen, Frankfurt am Main

Doppler, Klaus/Lauterburg, Christoph (2019): Change Management – Den Unternehmenswandel gestalten, Frankfurt am Main

Doppler, Klaus/Voigt, Bert (2018): Feel the Change! Wie erfolgreiche Change Manager Emotionen steuern, Frankfurt am Main

Durst, Carolin/Durst, Michael (2016): Integriertes Innovationsmanagement – Vom Umfeldscanning zur Roadmap, in: Abele, Thomas (Hrsg.): Die frühe Phase des Innovationsprozesses – Neue, praxiserprobte Methoden und Ansätze, Wiesbaden

Dyllick, Thomas/Schaltegger, Stefan (2001): Nachhaltigkeitsmanagement mit einer Sustainability Balanced Scorecard, in: Umweltwirtschaftsforum, 9. Jg., Heft 4, S. 68–73

Egle, Ulrich/Lehmann, Marie-Luise/Keimer, Imke (2021): Der T-Shaped Controller – Das Controlling-Rollenprofil im komplexen Umfeld, in: Controller Magazin, Ausgabe 4, S. 64–69

Eppler, Martin J./Pfister, Roland A. (2017): Sketching at Work – Über 40 starke Visualisierungs-Tools für Manager, Berater, Verkäufer, Trainer und Moderatoren, Stuttgart

Erlei, Mathias/Leschke, Martin/Sauerland, Dirk (2016): Institutionenökonomik, Stuttgart

Erpenbeck, John/von Rosenstiel, Lutz/Grote, Sven/Sauter, Werner (Hrsg.) (2017): Handbuch Kompetenzmessung – Erkennen, verstehen und bewerten von Kompetenzen in der betrieblichen, pädagogischen und psychologischen Praxis, Stuttgart

Feldbrügge, Rainer (2021): Systemisches Prozessmanagement – Unternehmen digitalisieren – Teams mobilisieren, Stuttgart

Felfe, Jörg (2020): Mitarbeiterbindung, Göttingen

Fietze, Simon (2017): Konfliktverhalten, in: Martin, Albert (Hrsg.): Organizational Behaviour – Verhalten in Organisationen, Stuttgart

Fink, Alexander/Siebe, Andreas (2011): Handbuch Zukunftsmanagement – Werkzeuge der strategischen Planung und Früherkennung, Frankfurt/New York

Fink, Alexander/Siebe, Andreas (2016): Szenario-Management – Von strategischem Vorausdenken zu zukunftsrobusten Entscheidungen, Frankfurt/New York

Fischer, Thomas M./Baumgartner, Alexander (2014): Integration von Wissensbilanzen in das operative und strategische Wertmanagement, in: Controlling – Zeitschrift für erfolgsorientierte Unternehmenssteuerung, 2/2014, München, S. 124–131

Foreman, John W. (2013): Data Smart – Using Data Science to Transform Information into Insight, Indianapolis

Fraunhofer (2022): Digitale Ökosysteme und digitale Plattformen: Made in Germany, Online: https://www.iese.fraunhofer.de/de/leistungen/digitale-oekosysteme.html (abgerufen am 18.06.2022)

Frey, Bruno S. (2017): Wirtschaftswissenschaftliche Glücksforschung: Kompakt – verständlich – anwendungsorientiert, Wiesbaden

Frey, Bruno S./Frey Marti, Claudia (2010): Glück – Die Sicht der Ökonomie, Zürich/Chur

Friedman, Milton (2007): The social responsibility of business is to increase its profits, in: Zimmerli, Walter Ch./ Richter, Klaus/Holzinger, Markus (Hrsg.): Corporate Ethics and Corporate Governance, Berlin/Heidelberg; erstmals veröffentlicht in: New York Times Magazine, 13. September 1970

Gleich, Ronald/Gleißner, Werner (2020): Performance Measurement 2.0 – Wie Risikomanagement, Resilienz, Agilität und Nachhaltigkeit in eine Balanced Scorecard integriert werden können, in: Gleich, Ronald/Klein, Andreas (Hrsg.): Controlling Challenge 2025 – Agil, digital, effektiv, Freiburg, S. 41–58

Gleißner, Werner (2000): Aufbau einer Balanced Scorecard in der Unternehmenspraxis, in: Bilanzbuchhalter und Controller, Heft 6/2000, S. 129–134

Gleißner, Werner (2019a): Cost of capital and probability of default in value-based risk management, in: Management Research Review, Band 42, Nr. 11, S. 1243–1258

Gleißner, Werner (2019b): Wertorientierte Unternehmensführung, Strategie und Risiko, eBook (amazon kindle)

Gleißner, Werner (2020a): Corona-Krise und die Risikolage der Welt – Wie riskant ist die Welt wirklich?, Online: https://www.risknet.de/themen/risknews/wie-riskant-ist-die-welt-wirklich/ (abgerufen am 16.11.2022)

Gleißner, Werner (2020b): Unternehmensstrategie und strategische Positionierung im Zeitalter der Digitalisierung, in: Controller Magazin, Heft 1/2020, S. 4–13

Gleißner, Werner (2021a): Die COVID-19-Pandemie und der Umgang mit Risiken und Krisen – Lessons Learned für Staaten und Unternehmen, in: Corporate Finance, Nr. 05-06/2021, S. 126–127

Gleißner, Werner (2021b): Strategisches Management unter Unsicherheit – Das robuste Unternehmen, in: REthinking Finance, Heft 1 (Februar 2021b), S. 33–41

Gleißner, Werner (2021c): Nachhaltigkeit, Strategie und wertorientierte Unternehmensführung, in: Board, Heft 6/2021, S. 242–246

Gleißner, Werner (2021d): Unternehmerische Entscheidungen – Haftungsrisiken vermeiden (§ 93 AktG, Business Judgement Rule), in: Controller Magazin, Heft 1, Januar/Februar 2021d, S. 16–23

Gleißner, Werner (2022): Grundlagen des Risikomanagements, München

Gleißner, Werner (2023): Nachhaltigkeit ist mehr als ein guter ESG-Score, in: ESGZ – Die Fachzeitschrift für Nachhaltigkeit und Recht, Heft 1/23, S. 43–47

Gleißner, Werner/Follert, Florian/Daumann, Frank (2021): Forum: „Alles zu seiner Zeit" – Ein kritischer Diskussionsbeitrag zum Thema Nachhaltigkeit, in: Zeitschrift für Umweltpolitik & Umweltrecht, Heft 4/2021, S. 500–515

Gleißner, Werner/Günther, Thomas/Walkshäusl, Christian (2022): Financial sustainability – measurement and empirical evidence, in: Journal of Business Economics, Band 92, S. 467–516

Gleißner, Werner/Weissman, Arnold (2021): Der Family-Q-Score – Qualitätssiegel für krisenfeste Familienunternehmen und Rahmen für die Finanzierung, in: REthinking Finance, Heft 5 (Oktober 2021), S. 35–42

Gleißner, Werner/Wolfrum, Marco (2019): Risikoaggregation und Monte-Carlo-Simulation – Schlüsseltechnologie für Risikomanagement und Controlling, Wiesbaden

Grundmann, Thilo (2023): Transformationsfinanzierung – Finanzierung und Wahrung der Bonität in komplex-ungewissen Transformationsprozessen, Wiesbaden

Günther, Thomas W. (2005): Unternehmenssteuerung mit Wissensbilanzen – Möglichkeiten und Grenzen, in: ZfCM – Controlling & Management, Sonderheft 3/2005, S. 66–75

Günther, Thomas/Gleißner, Werner (2021): Entscheidungsvorlagen für die Unternehmensführung, in: Controlling, 33. Jg., Heft 6/2021, S. 44–46

Gutman, Alex J./Goldmeier, Jordan (2022): Werde ein Data Head – Data Science, Machine Learning und Statistik verstehen und datenintensive Jobs meistern, Heidelberg

Haas, Oliver/North, Klaus/Pakleppa, Claus-Bernhard (2022): Transformation – Tiefgreifende Veränderungen verstehen, ermöglichen und gestalten, München

Hahn, Tobis/Wagner, Marcus/Figge, Frank/Schaltegger, Stefan (2002): Wertorientiertes Nachhaltigkeitsmanagement mit einer Sustainability Balanced Scorecard, in: Schaltegger, Stefan/Dyllick, Thomas (Hrsg.): Nachhaltig managen mit der Balanced Scorecard – Konzept und Fallstudien, Wiesbaden, S. 43–94

Hamel, Gary/Prahalad, Coimbatore Krishnarao (1995): Wettlauf um die Zukunft, Wien

Hansen, Erik G./Schaltegger, Stefan (2016): The Sustainability Balanced Scorecard – A Systematic Review of Architectures, in: Journal of Business Ethics, Band 133, S. 193–221

Harff, Christoph/McLachlan, Christopher (2021): Corporate Nudging – Verhaltensmuster in Organisationen durch intelligente Anstupser verändern, Freiburg

Hauff, Volker (Hrsg.) (1987): Unsere gemeinsame Zukunft – Der Brundtland-Bericht der Weltkommission für Umwelt und Entwicklung, Greven, – Online: https://www.nachhaltigkeit.info/artikel/brundtland_report_563.htm (abgerufen am 06.06.2022)

Have, Ten (2019): Change Canvas – Die visuelle Methode für alle, die an Organisationsveränderungen arbeiten, Stuttgart

Hawking, Stephen (2000): ‚Unifed Theory‘ is getting closer, Hawking predicts, 23. Januar 2000, The Mercury News, San José

Herger, Mario (2019): Foresight Mindset^{TM} – Die Kunst und Wissenschaft, seine Zukunft zu designen, München

Herget, Josef (2021): Culture Hacks strategisch einsetzen – Mit gezielter Irritation zur gewünschten Unternehmenskultur, Berlin

Herrmann-Pillath, Carsten (2002): Grundriß der Evolutionsökonomik, München

Hess, Thomas/Sciuk, Christian (2021): Das Potenzial digitaler Reifegradmodelle für das Controlling, in: Controlling – Zeitschrift für erfolgsorientierte Unternehmenssteuerung, Heft 5/2021, S. 19–26

Hofmann-Schneller, Maria (2001): Vernetztes Denken, in: Sitte, Wolfgang/Wohlschlägl, Helmut (Hrsg.): Beiträge zur Didaktik des "Geographie und Wirtschaftskunde"-Unterrichts, Wien

Honold, Dirk (2020): Responsible Leadership in schwieriger Zeit, in: Verantwortung, 4/2020, S. 8–11

Hott, Barbara/Pfleghar, Frieder (2020): Swinging Change – Organisationswandel durch Resonanz, in: managerSeminare, Heft 263, Februar 2020, S. 48–55

Hüther, Gerald (2018): Potenzialentfaltung im Entrepreneurship, in: Faltin, Günter (Hrsg.): Handbuch Entrepreneurship, Wiesbaden

IHK Region Stuttgart (2022): Psychische Gefährdung am Arbeitsplatz – IHK-Leitfaden für Unternehmen, Online: https://www.ihk.de/stuttgart/branchen/dienstleistung/branch eninformationen/gesundheitswirtschaft/checkliste-psychische-gefaehrdung-am-arbeitspl atz-2630754. (abgerufen am 07.06.2022)

Indset, Anders (2021): Enkelfähig – Eine initiale philosophische Definition von Anders Indset (02/2021), Online: https://andersindset.com/de/das-wirken/enkelfaehig-anders-ind set/. (abgerufen am 06.05.2023)

Ismail, Salim/Malone, Michael S./van Geest, Yuri (2017): Exponentielle Organisationen – Das Konstruktionsprinzip für die Transformation von Unternehmen im Informationszeitalter, München

Jantscher, Anna/Lauchart-Schmidl, Nicole (2021): Being in Organizations – Die Beziehung zwischen Mensch und Organisation lebendig gestalten, Stuttgart

Jenewein, Wolfgang/Heidbrink, Marcus (2008): High-Performance-Teams – Die fünf Erfolgsprinzipien für Führung und Zusammenarbeit, Stuttgart

Jensen, Michael/Meckling, William (1976): Theory of the firm – Managerial behavior, agency costs, and ownership structure, in: Journal of Financial Economics, Band 3, Nr. 4, S. 305–360

Kajüter, Peter (2021): Kennzahlen zur Unternehmenssteuerung, in: Busse von Colbe, Walther/Coenenberg, Adolf G./ Kajüter, Peter/Linnhoff, Ulrich/Pellens, Bernhard (Hrsg.): Betriebswirtschaft für Führungskräfte – Eine Einführung in betriebswirtschaftliches Denken und Handeln, Stuttgart

Kampakis, Stylianos (2020): The Decision Maker's Handbook to Data Science – A Guide for Non-Technical Executives, Managers, and Founders, New York

Kamprath, Martin (2022): Aktueller Begriff – Die EU-Taxonomie nachhaltiger Aktivitäten, Wissenschaftlicher Dienst des Deutschen Bundestages, Fachbereich WD 5 (Wirtschaft und Verkehr, Ernährung und Landwirtschaft), Nr. 05/22

Kaplan, Robert Samuel/Norton, David P. (1997): Balanced Scorecard – Strategien erfolgreich umsetzen, Stuttgart

Kaufmann, Uwe H./Tan, Amy B. C. (2021): Data Science für Einsteiger – Daten analysieren, interpretieren und richtige Entscheidungen treffen, München

Keller, Tobias (2022): Management von Verhalten in Organisationen – Grundlagen, Anwendungsfelder und Fallstudien, Berlin

Kivikas, Mart/Wulf, Inge (2006): Wissensbilanzierung als Element des Value Reporting, in: ZfCM – Controlling & Management, Sonderheft 3/2006, S. 42–60

Klüfers, Philipp/Masala, Carlo/Tepel, Tim/Tsetsos, Konstantinos (2017): Strategic Foresight – Die Zukunft antizipieren, in: SIRIUS – Zeitschrift für Strategische Analysen, Band 1/Heft 1, S. 53–67

Knight, Frank Hyneman (1921): Risk, Uncertainty and Profit, Boston/New York

Kohl, Holger/Orth, Ronald/Mertins, Kai (2020): Trends im Wissensmanagement – Neue Wege zur Steigerung des Humankapitals in Unternehmen, in: Controlling – Zeitschrift für erfolgsorientierte Unternehmenssteuerung, 1/2020, S. 20–26

Kraus, Rafael/Kreitenweis, Tanja (2020): Führung messen – Inklusive Toolbox mit Messinstrumenten und Fragebögen, Berlin

Krystek, Ulrich/Müller-Stewens, Günter (1993): Frühaufklärung für Unternehmen – Identifikation und Handhabung zukünftiger Chancen und Bedrohungen, Stuttgart

Kudernatsch, Daniela (2020): Toolbox Objectives and Key Results – Transparente und agile Strategieumsetzung mit OKR, Stuttgart

Levy, Steven (2011): In the Plex – How Google Thinks, Works, and Shapes Our Lives, New York

Likert, Rensis (1932): A Technique for the measurement of Attitudes, Archives of Psychology, Nr. 140, New York

Lippert, Almut (2021): Motivation stärken in Therapie und Beratung – Ein Praxisbuch, Berlin

Loitz, Rüdiger/Nütten, Ulrich (2022): Die Bewertung von Daten im Mittelpunkt der Analyse von digitalen Geschäftsmodellen, in: Der Betrieb, Nr. 22, 30.05.2022, S. 1337–1342

Luhmann, Niklas (1988): Die Wirtschaft der Gesellschaft, Frankfurt am Main

Luhmann, Niklas (1997): Die Gesellschaft der Gesellschaft, Frankfurt am Main

Maertins, Anne (2019): Das Management der erfolgreichen strategischen Frühaufklärung als organisationale Fähigkeit, Wiesbaden

Mahammadzadeh, Mahammad (2022): Nachhaltigkeitsorientierte Balanced Scorecard, in: Baumast, Annett/Pape, Jens/Weihofen, Simon/Wellge, Steffen (Hrsg.): Betriebliches Nachhaltigkeitsmanagement, Stuttgart

Maier, Günter W./Woschée, Ralph (2012): Die affektive Bindung an das Unternehmen: Psychometrische Überprüfung einer deutschsprachigen Fassung des Organizational Commitment Questionnaire (OCQ) von Porter und Smith (1970), in: Zeitschrift für Arbeits- und Organisationspsychologie, Jahrgang 46, Heft 3, S. 126–136

Maier, Günter W./Woschée, Ralph (2014): Deutsche Fassung des Organizational Commitment Questionnaire (OCQ-G), Zusammenstellung sozialwissenschaftlicher Items und Skalen, Antwortbogen und Erläuterungen, gesis – Leibnitz-Institut für Sozialwissenschaften, Mannheim

March, James Gardner (1991): Exploration and exploitation in organizational learning, in: Organization Science, Band 2, S. 71–87

Marek, Daniel (2020): Organisationsdesign – Ein Vorgehensmodell für Unternehmen in der neuen Arbeitswelt, Wiesbaden

Martin, Albert (Hrsg.) (2017): Organizational Behaviour – Verhalten in Organisationen, Stuttgart

Mikisek, Ines (2015): Evidence Based Management – Gesundheitsförderliche Führung, Wiesbaden

Mowday, Richard T./Steers, Richard M./Porter, Lyman W. (1979): The Measurement of Organizational Commitment, in: Journal of Vocational Behavior, Band 14, S. 224–247

Müller, Hans-Erich/Wrobel, Martin (2021): Unternehmensführung – Strategie – Management – Praxis, Berlin

Nadler, David/Tushman, Miachel (1997): Competing by Design – The Power of Organizational Architecture, New York/Oxford

Nagel, Claus (2012): Intellectual Capital Ansätze in Unternehmen – Erfahrungen aus der Praxis, in: Pawlowsky, Peter/Edvinsson, Leif (Hrsg.): Intellektuelles Kapital und Wettbewerbsfähigkeit – Eine Bestandsaufnahme zu Theorie und Praxis, Wiesbaden

Nagel, Reinhart (2014): Lust auf Strategie – Workbook zur systemischen Strategieentwicklung, Stuttgart

Nagel, Reinhart (2017): Organisationsdesign – Modelle und Methoden für Berater und Entscheider, Stuttgart

Nagel, Reinhart/Wimmer, Rudolf (2014): Systemische Strategieentwicklung – Modelle und Instrumente für Berater und Entscheider, Stuttgart

Neuner, Ralf (2021): Ermittlung psychischer Belastung bei der Arbeit, in: Neuner, Ralf: Psychische Gesundheit bei der Arbeit – Gefährdungsbeurteilung und gesunde Organisationsentwicklung, Wiesbaden

Ng, Annalyn/Soo, Kenneth (2018): Data Science – was ist das eigentlich?! Algorithmen des maschinellen Lernens verständlich erklärt, Berlin

Ocean Tomo (2022): Ocean Tomo Intangible Assets Market Value Study, New York

Olavarria, Marco/Buschow, Sabrina (2021): Agile Prozessoptimierung – Prozesse schnell, einfach und wirkungsvoll verbessern, München

Pätzold, Martin (2019): Neue Wettbewerbspolitik im 21. Jahrhundert – Zehn Thesen zur digitalen Wirtschaft, Wiesbaden

Patton, Jeff (2014): User Story Mapping – Discover the Whole Story, Build the Right Product, Sebastopol

Pavlou, Paul A./El Sawy, Omar A. (2011): Understanding the Elusive Black Box of Dynamic Capabilities, in: Decision Science, Band 42, Nr. 1, S. 239–273

Petzold, Neele/Schmidt, Alexander Lennart/Junker, Christian/Santamaria Gathmann, Ana Sofie (2021): Disruptionsradar, in: Junker, Christian/Bakken, Thomas/Riemenschneider, Frank/Lennart Schmidt, Alexander/Petzold, Neele (Hrsg.): Disruptive Innovation und Ambidextrie – Grundlagen, Handlungsempfehlungen, Case Studies, Wiesbaden

Picot, Arnold/Reichwald, Ralf/Wigand, Rolf T./Möslein, Kathrin M./Neuburger, Rahild/Neyer, Anne-Katrin (2020): Die grenzenlose Unternehmung – Information, Organisation & Führung, Wiesbaden

Pfiffner, Martin (2020): Die dritte Dimension des Organisierens – Steuerung und Kommunikation, Wiesbaden

Provost, Foster/Fawcett, Tom (2017): Data Science für Unternehmen – Data Mining und datenanalytisches Denken praktisch anwenden, Frechen

Rappaport, Alfred (1986): Creating Shareholder-Value, New York

Rashedi, Jonas (2022): Das datengetriebene Unternehmen – Erfolgreiche Implementierung einer data-driven Organization, Wiesbaden

Rauscher, Susanne/Zielke, Annika (2019): Nudging in Management Accounting – Assessment of the Relevance of Nudging in the Corporate Context, Wiesbaden

Riedrich, Timo/Voigt, Bert (2011): Veränderungen durch visuelle Kommunikation wirksam initiieren – Das Changemap-Konzept im Einsatz bei einem großen Energieversorgungsunternehmen, in: OrganisationsEntwicklung, Nr. 3, S. 72–80

Roehl, Heiko/Asselmeyer, Herbert (Hrsg.): (2017) Organisationen klug gestalten – Das Handbuch für Organisationsentwicklung und Change Management, Stuttgart

Romeike, Frank/Spitzner, Jan (2013): Von Szenarioanalyse bis Wargaming – Betriebswirtschaftliche Simulationen im Praxiseinsatz, Weinheim

Rosa, Hartmut (2019): Resonanz – Eine Soziologie der Weltbeziehung, Berlin

Rosa, Hartmut (2020): Unverfügbarkeit, Berlin

Roschker, Nicole Susann (2013): Psychische Gesundheit als Tabuthema in der Arbeitswelt – Analyse der DAX 30 und Leitfaden für die Unternehmensberichterstattung, Wiesbaden

Roschker, Nicole Susann (2014): Psychische Gesundheit in der Arbeitswelt – Soziale und ökonomische Relevanz für Gesellschaft und Unternehmen, Wiesbaden

Roters, Wolfgang (2020): Zukunft denken und verantworten – Eine Einleitung, in: Roters, Wolfgang/Gräf, Horst (2020): Zukunft denken und verantworten – Herausforderungen für Politik, Wissenschaft und Gesellschaft im 21. Jahrhundert, Wiesbaden

Rubin, Kenneth S. (2014): Essential Scrum – Umfassendes Scrum-Wissen aus der Praxis, Frechen

Sailer, Ulrich (2013): Management – Komplexität verstehen – Systemisches Denken, Business Modeling, Handlungsfelder nachhaltigen Erfolgs, Stuttgart

Sailer, Ulrich (2020): Nachhaltigkeitscontrolling – Was Controller und Manager über die Steuerung der Nachhaltigkeit wissen sollten, München

Sauter, Roman/Sauter, Werner/Wolfig, Roland (2018): Agile Werte- und Kompetenzentwicklung – Wege in eine neue Arbeitswelt, Berlin

Schäffer, Utz (2021): Wie resilient sind unsere Unternehmen?, in: Controller Magazin, 4/2021, S. 31–34

Schaltegger, Stefan/Dyllick, Thomas (Hrsg.) (2002): Nachhaltig managen mit der Balanced Scorecard – Konzept und Fallstudien, Wiesbaden

Scheller, Torsten (2017): Auf dem Weg zur agilen Organisation – Wie Sie Ihr Unternehmen dynamischer, flexibler und leistungsfähiger gestalten, München

Scheller, Torsten (2021): Die Wertstrom-Organisation – Agilität radikal zu Ende gedacht, München

Schmid, Uwe (1996): Ökologiegerichtete Wertschöpfung in Industrieunternehmungen – Industrielle Produktion im Spannungsfeld zwischen Markterfolg und Naturbewahrung, Frankfurt am Main

Scholz, Holger/Vesper, Roswitha (2022): Facilitation – Dialog- und handlungsorientierte Organisationsentwicklung – Durch einen Kontext des Gelingens und die Kraft kollektiver Intelligenz zu mehr Innovation und besserer Führung, München

Schreyögg, Georg/Eberl, Martina (2015): Organisationale Kompetenzen – Grundlagen – Modelle – Fallbeispiele, Stuttgart

Schütze, Franzisk/Stede, Jan/Blauert, Marc/Erdmann, Katharina (2020): EU-Taxonomie stärkt Transparenz für nachhaltige Investitionen, in: DIW Wochenbericht, Nr. 51/2020, S. 974–981

Seeger, Tom (2020): Das agile Team steuert sich selbst – Kompetenzen und Fähigkeiten zur Eigenentwicklung selbstorganisierter Teams, Wiesbaden

Seibel, Tobias/Rickert, Katja E. (2021): Teamdynamik entwickeln, begleiten, gestalten – Ein Workbook für Trainer, Coachs und Facilitators, Bonn

Seiter, Mischa (2019): Business Analytics – Wie Sie Daten für die Steuerung von Unternehmen nutzen, München

Senge, Peter Michael (2017): Die fünfte Disziplin – Kunst und Praxis der lernenden Organisation, Stuttgart

Shapiro, Carl/Varian, Hal Ronald (1998): Information Rules – A Strategic Guide to the Network Economy, Boston

Simon, Fritz B. (2009): Einführung in die systemische Wirtschaftstheorie, Heidelberg

Sinn, Hans-Werner (1980): Ökonomische Entscheidungen bei Unsicherheit, Tübingen

Siroker, Dan/Koomen, Pete (2013): A/B Testing – The Most Powerful Way to Turn Clicks Into Customers, Hoboken

Snowden, David J./Boone, Mary E. (2007): Entscheiden in chaotischen Zeiten, in: Harvard Business manager, Dezember 2007, S. 28–43

Sprenger, Reinhard K. (2018): Digitalisierung der Unternehmen – Die Reintegration des Menschen, in: managerSeminare, Heft 241, April 2018, S. 28–34

Sprenger, Reinhard K. (2020): Gegen den virologischen Imperativ – Führung zieht ihre Existenzberechtigung aus Krisen. Zahlen und Daten sind hilfreich. Wer sich nur davon leiten lässt, provoziert grobe Fehler, in: WirtschaftsWoche, Ausgabe 16 vom 09.04.2020, S. 95

Stoi, Roman (2022): Kontextorientierte Führung und Organisation, in: Zeitschrift für Führung und Organisation, 02/2022, S. 70–78

Strobach, Tilo/Wendt, Mike (2019): Allgemeine Psychologie – Ein Überblick für Psychologiestudierende und -interessierte, Berlin

Techniker Krankenkasse (2022): Gesundheitsreport 2022 – Arbeitsunfähigkeiten, Hamburg

TechSmith (2018): Neue Studie – Kommunikationsstil entscheidend für Produktivität in Unternehmen, Online: https://www.techsmith.de/blog/studie-visuelle-kommunikation-in-unternehmen/; Download der Studie „Der Mehrwert von Video- und Bildmaterial" unter: https://www.techsmith.de/visuelle-kommunikation-studie.html (abgerufen am 19.08.2022)

Teece, David J./Pisano, Gary/Shuen, Amy (1997): Dynamic Capabilities and Strategic Management, in: Strategic Management Journal, Band 18, August 1997, S. 509–533

Teece, David J. (2018): Business models and dynamic capabilities, in: Long Range Planning, Band 51, Ausgabe 1, S. 40–49

Thaler, Richard H./Sunstein, Coss R. (2017): Nudge – Wie man kluge Entscheidungen anstößt, Berlin

Thießen, Ansgar/Wreschniok, Robert (2022): Playbook Strategie-Aktivierung – Das Standardwerk zur Beschleunigung von Strategien und Transformationen für Strategen, Organisationsentwickler, Führungskräfte und Entscheider der neuen Generation, München

Uhle, Thorsten/Treier, Miachael (2019): Betriebliches Gesundheitsmanagement – Gesundheitsförderung in der Arbeitswelt – Mitarbeiter einbinden, Prozesse gestalten, Erfolge messen, Wiesbaden

UN Brundtland Commission (1987): Report of the World Commission on Environment and Development – Our Common Future, United Nations, Online: http://www.un-documents.net/our-common-future.pdf (abgerufen am 16.11.2022)

Urbach, Nils/Ahlemann, Frederik (2016): IT-Management im Zeitalter der Digitalisierung – Auf dem Weg zur IT-Organisation der Zukunft, Berlin/Heidelberg

Vahs, Dietmar (2019): Organisation – Ein Lehr- und Managementbuch, Stuttgart

Velte, Patrick/Weber, Stefan (2021): Sustainable corporate purpose and sustainable corporate governance – Integrative theoretical framework and reform recommendations, in: Zeitschrift für Umweltpolitik & Umweltrecht, Heft 3/2021, S. 287–323

Vester, Frederic (2019): Die Kunst vernetzt zu denken – Ideen und Werkzeuge für einen neuen Umgang mit Komplexität, München

Vigenschow, Uwe (2021): Lernende Organisationen – Das Management komplexer Aufgaben und Strukturen zukunftssicher gestalten, Heidelberg

von Ameln, Falko/Heintel, Peter (2016): Macht in Organisationen – Denkwerkzeuge für Führung, Beratung und Change Management, Stuttgart

Waniczek, Mirko/Werderits, Ehrenfried (2006): Sustainability Balanced Scorecard – Nachhaltigkeit in der Praxis erfolgreich managen – mit umfangreichem Fallbeispiel, Wien

Watzlawick, Paul (2021): Die Lösung ist immer der beste Fehler – Typische Probleme der Kommunikation im Alltag, Heidelberg

Watzlawick, Paul/Beavin, Janet H./Jackson, Don D. (2016): Menschliche Kommunikation – Formen, Störungen, Paradoxien, Bern

Westermayer, Gerhard (2021): Organisationsdesign 4.0 von A-Z, Berlin

Williamson, Oliver Eaton (1991): Comparative Economic Organization – The Analysis of Discrete Structural Alternatives, in: Administrative Science Quarterly 36, S. 269–296

Willemsen, Joop/von Ameln, Falko (2018): Theorie und Praxis des systemischen Ansatzes – Die Systemtheorie Watzlawicks und Luhmanns verständlich erklärt, Berlin

Wilms, Falko E. P. (2006): Szenarien sind Systeme, in: Wilms, Falko E. P. (Hrsg.): Szenariotechnik: Vom Umgang mit der Zukunft, Bern

Wippermann, Frank (2016): Change Management in komplexen Situationen – Werkzeuge – Organisation – Führung, Berlin

Zeuch, Andreas (2011): Die Geburt des Nichtwissens – Der Hase und der Igel – Wissen und Nichtwissen zu Beginn des dritten Jahrtausends, in: Zeuch, Andreas (Hrsg.): Management von Nichtwissen in Unternehmen, Heidelberg

Zhao, Qi et al. (2021): Global, regional, and national burden of mortality associated with nonoptimal ambient temperatures from 2000 to 2019 – A three-stage modelling study, in The Lancet Planetary Health, Band 5 (Juli 2021), S. 415–425

Zimmer, Wolf (2019): Ansturm der Algorithmen – Die Verwechslung von Urteilskraft mit Berechenbarkeit, Berlin

Zubizarreta, Rosa/zur Bonsen, Matthias (Hrsg.) (2019): Dynamic Facilitation – Die erfolgreiche Moderationsmethode für schwierige und verfahrene Situationen, Weinheim

Stichwortverzeichnis

The manufacturer's authorised representative in the EU is Springer
Nature Customer Service Centre GmbH, Europaplatz 3, 69115 Heidelberg,
Germany. If you have any concerns regarding our products, please
contact ProductSafety@springernature.com

Printed and bound by CPI Group (UK) Ltd, Croydon, CR0 4YY